Rosmarie Stucki
Es Dotze Chlämmerli

Rosmarie Stucki

# Es Dotze Chlämmerli

## Bärndütschi Gschichte

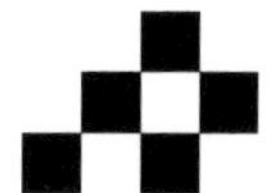

Rosmarie Stucki
**Es Dotze Chlämmerli**
Bärndütschi Gschichte

3. Auflage

ISBN 978-3-85580-413-9



Umschlagbild: Lehmann © Fatzer Verlag
Umschlag und Satz: Stephan Cuber, www.diaphan.ch
Druck: Bookpress.eu, Olsztyn, Polen

Dieses Buch und weitere interessante Medien (Auslieferung auch in DE/AT) können Sie beziehen bei:

mosaicstones, Tel. +41 33 336 00 36
info@mosaicstones.ch, www.mosaicstones.ch

# Inhalt

# Es Dotze Chlämmerli

Hochzytsfescht chöi öppis wunderschöns u gäbigs sy, vor allem, we's der Petrus guet mit em Brutpaar u syne Gescht meint. Hingäge isch de o scho mänge settige Tag i ds Wasser gheit, u das bim herrlechschte Sunneschyn, we sech di Ygladene gägesytig nid hei möge verputze. I erschter Linie ligt's hie a de Brutlüt, mit wäm si dä Tag wölli verbringe. U de chunt's schuderhaft druf aa, wi ds Brutfüererpaar di Gsellschaft ungerhaltet u wie si se bim Hochzytsässe plaziere. Es isch o scho vorcho, dass di Aaghörige – di einti Sippe rächts u di angeri linggs – sech ganz verschide ungerhalte hei. Uf der einte Syte isch's luschtig u läbig zueggange, vo der angere hesch nume öppedie es Wort ghört, dernäbe ei Mouggere näb der angere chönne gseh.

Wo der Ruedi u d Manuela i ds läng Jahr dinget* hei, isch ne ds Wätter meh weder nume fründlech gsinnet gsy. Es isch i jedes

Spiil e glückleche Tag worde, u das für alli. Nid vergäbe hei sech di Zwöi vo de Sänger, wo d Fyr i der Chilche umrahmt hei, ds Lied «oh happy day» gwünscht. D Hochzytsföteli het me nid am Schärme müesse schiesse, u o d Rösslifahrt isch nid verrägnet worde. E strahlendi Sunne – i wett ehnder säge: e heissi – het über däm fröhleche Völkli glachet. Am töiffblaue Himel isch kes Wülchli z gseh gsy. Wo me chly speter mit de Outo wytergfahren isch, hei d Lüt am Strasserand gwunke, u d Outomobilischte hei gwartet, bis dä bluemegschmückt Umzug verby gsy isch.

Itz sy alli im grosse Saal vom Gaschthof Bäre ytroffe. Jedes suecht sys Plätzli u sädlet sech. Der Brutfüerer schwitzt wi ne Ankebättler. Het er's ächt guet troffe? Sy d Gescht zfride mit irem Nachber u em Vis-à-vis? E töiffe Schnuufer chunt vo ganz wyt unge. Es macht der Aaschyn, är heig's breicht. D Lüt sy ufgstellt u plöiderle zäme, wi we si sech scho ewig kennti. D Musig spilt dezänt, dass me sech no versteit u nid muess überbrüele, u ds Ässe isch es Gedicht mit mehrerne Strophe.

Aber itz chunt's! Alli sy gsättiget u wette ungerhalte wärde. Tanze ma me nöime nid so rächt, wül's geng no heiss isch. Also müesse Spiil uf e Lade.

Da git's es Quiz mit Prysli über ds Brutpaar. Wär weiss da scho all Antworte! Gwüss niemer. Aber was me nid weiss, wird dür originelli Sprüch ersetzt. Scharadene chöme zur Uffüerig, u bi allem wird fröhlech glachet. We nume dä chätzers Lym am Hingere nid so chläbti! D Meinig wär doch bi jedem Fescht, dass sech d Gescht wurde bewege, dass si no mit angerne i ds Gspräch chämte, nid nume mit irne Näbemanne u -froue. Aber chuum öpper steit uuf, oder höchschtens, wenn er uf ds Hüsli muess.

Der Brutfüerer weiss däm abzhälfe. Het er ächt scho meh settegi Situatione erläbt u drum dä Gedanke gha?

«Silentium, dir liebe Lüt! I ha hie es Dotze Chlämmerli, u jedes treit es Nummero. Di

Chlämmerli verteilen i itz unger öich. Aber dir dörfet se nid bhalte. Probieret, se öpper angerem aazstecke, müglechscht ohni dass öies Opfer öppis merkt. Wär de am Schluss vom Aabe eis het, muess Strafufgabe mache. Was fürtegi chunt aber ersch denn uus.»

Di nächschte Spiili gange fasch im Glöif unger, wo itz sy Aafang nimmt. Manne, Froue u sogar Ching sy uf Schlychjagd. Zersch versuecht me no, sym Nachber so nes Dinggeläri aazhefte. Aber dä passt uuf wi ne Häftlimacher u chehrt em Bsitzer vom Chlämmerli d Vordersyte zue, dass er ne ömel ja chönn beobachte. Derby merkt er nid, dass öpper über e Tisch reckt u ne vo hinge attaggiert.

Chlämmerli wärde a Revers gsteckt, a Rocksöim u Hemmlisermel. Es git Momänte, wo Lüt drü, vieri horte, bis si se wider loswärde. Jede beobachtet jede, alli ungersueche geng wider irer Chleider. Das isch es Gwusel u Glöif, es Lache u Schnädere. Hie schnagget öpper unger e Tisch, wül er eme

Mannehosebei es Aahängseli zwäghett. Dert springt e Frou uf d Syte, wül si der Aagriff het gseh cho. D Lüt rede mitenang, chöme zäme u gange wider usenang. Niemer höcklet unbeteiliget a sym Platz, alli mache mit.

Mit der Zyt wärde d Hochzytsgescht chly rüejiger. Me muess doch zwüschyche o wider e Schluck trinke u chly lueme. Öppen eis spaniflet me, wäm me ächt de chly speter no es Chlämmerli chönnt aahänke. Amänd wett me doch kener Strafufgabe fasse. Aber zersch tüe sech alli am Dessärbüffee güetlech. U de muess me doch o zueluege, wi di zwe aagehnde Grossvätter – me weiss ja nie – es Bäbi müesse wickle, nach em Motto: Wele chönnt de im Fall einisch vom junge Ehepaar besser bruucht wärde. Zum Goudi vo de Gescht hei di zwe Manne no rächt bös, bis si di Bäbifudeni suber bringe. Die hei nämlech d Wingle bis fasch zum Hals ueche voll. Mit Nutella, wo chläbt u fasch nid abzbringen isch.

Als Usglych dörfe de di beide Schwigermüetere schöppele. Aber nid öppe o nes

Bäbi, nei, die früschbbachne Ehelüt. Der Brüterich het sys Gutti no gly eis läär u macht o ds verlangte Görpsli. Aber hingernache hudlet's ne, u er meint troche: «Derby han i Goggi gar nid gärn!»

So hübscheli macht sech da u dert Schläfli bemerkbar. D Ching hei's da scho gäbiger weder di Erwachsene, si dörfe ugschinierter gyne. Di erschte Gescht bräche uuf u fahre gäge Bettehuse. U itz hei plötzlech alli Stalldrang, drum git's no einisch e letschti Rüeblete, bis sech alli vo allne verabschidet hei. Es stillet meh u meh, der Saal wird langsam läär. Di letschte, wo das gaschtleche Huus verlö, sy ds Brutpaar u iri rächti u linggi Hang a däm Fescht.

Was das für Strafufgabe syge gsy, wo d Chlämmerlibsitzer hei müesse mache? E Frou het em Brutpaar dörfe d Schue putze. En angeri het ds Ämtli übercho, Mytleni* z lisme. E Gascht isch verknuret worde, mit em Brütigam e Walzer z tanze, un e angere het müesse i ds Gäschtebuech zeichne, wo derna alli ungerzeichnet hei. Di meischte Ufgabe, wo verteilt worde sy, hei mit ere Dienschtleischtig z tüe gha.

Aber drü oder vier Chlämmerli sy nümm uffindbar gsy. Hingäge drei Tag nach em Hochzyt hei di junge Ehelüt vo Grosin es Telefon übercho: Won äs sech deheim zwäggmacht heig für ungere u no d Jagge a Bügel ghänkt, syg es ersch gwahr worde, dass da no es Chlämmerli am Ermel hangi.

# Esel, Hung, Chatz u Güggel ...

Nei, heit nid Angscht, i wöll nech ds Märli vo de Bremer Stadtmusikante verzelle. Di Tierli hei sech eifach so ergä. U de no meh derzue ...

D Magdalena Zumbüel het's am liebschte, we me se «Mädle» namset. Warum hei re d Eltere ächt so ne fürnähme Name aaghänkt? Vilech, wül's e biblische isch. Vatter u Mueter hei vil uf däm Buech gha, u o d Mädle cha sech dene Gschichte nid verschliesse. Am meischte het se geng ume der Noah päcklet. Dass di Tier sech vertreit hei i der Arche, u de no sövel lang!

Tier sy der Mädle überhoupt a ds Härz gwachse. U das scho vo Ching här, we si scho nie es Hustier het dörfe ha. Drum het si für seie sälber bschlosse, si wöll de einisch Tierärzti wärde, choschti's, was's wöll. U si het's fertigbrunge. Statt wi angeri Ching z spile oder angeri Jugendlechi ga z tanze, het si bis i alli Nacht yche glehrt. So isch ds Ziil geng neecher cho, u ändlech het si ds Diplom im Sack gha. Es het sech du no chätzers guet breicht, dass si chly näbusse vom Dorf – mit em Erbteil vo de Eltere, wo bim ne Unfall sy um ds Läbe cho – es alts Burehuus het chönne choufe. Es Huus mit Stallige u Umschwung, grad das, wo si sech geng vorgstellt het.

Zersch het si afe fasch es Jahr mit Reparature z tüe gha. Aber wül d Mädle e halbe Usstyger isch, het's ere o nüt usgmacht, vo der Hang i ds Muu z läbe. Gmües het si us em Garte greicht u ds Brot sälber bache. U d Milch het si diräkt ab Chue chönne näh.

Das Chueli isch ire erscht Patiänt gsy. Denn isch es zwar es miggerigs Chälbli gsy, wo im Fuessglänk geng yknickt isch. Moser Hans het's wölle abtue, aber d Mädle het em's abgläschelet. Geng u geng ume het si däm Tierli di Glänk massiert u Breiumschleg gmacht. U würklech, eis Tags isch das Chälbli – wi dür nes Wunder – ganz normal glüffe, het aagfange Gümp z näh, isch gwachse u e stattlechi Chue worde. Win es Hüngli isch ds Chroni der Mädle überall häre nachetrappet. O Tier chöi Dankbarkeit empfinge!

Chroni isch nid lang elei blibe. Im Dorf u uf de Höf ringsum het me no gly eis gwüsst, dass d Mädle nid nume e gueti Vehdokteri syg, sondern o Tier a d Pfleg nähm.

A me Morge steit der Hubelmatter scho früech vor der Tür. Är heig da verwiche – wäge de Ching – es Eseli gchouft. Hingäge heig er ke guete Schigg gmacht. Das Lumpetier syg bissig, dass nüt eso. Kes Ching troueti sech zueche. U umla wett er das Graueli o nid, es syg ja ersch vier Jahr alt. Itz heig er dänkt, he ja, vilech, we si wett luege, ob da no öppis z mache syg. D Mädle isch skeptisch. Aber amänd chönn me ja probiere.

Griselda isch das Eseli gnamset worde. D Mädle het mängi Schnatte dervotreit, bis däm Graueli d Byssegi vergange isch. Statt mit Schleg het si's mit guet Zuerede u mängem Mümpfeli besänftiget. U hütt chöi d Ching ohni Angscht zuen em, so lammfromm isch es worde. Im Dorf het's vo denn aa gheisse, d Mädle syg halt e Pferdeflüschtere.

Föif Jahr isch es itz här, da het d Mädle bi re Hündte müesse Hebamme sy. E prächtige Bärner Sennehung mit Stammboum. Sächs Jungi het si gworfe, aber es isch nid ring ggange. Di Badine sy fasch z gross gsy, u ds Muetertier isch ganz vo Chraft cho. D Mädle het gmerkt, dass da allwäg no es sibets Jungs dinne wär u nid usecha. Si het müesse Cheiserschnitt mache. Ds sibete Züngli isch e Totgeburt gsy, u di Alti isch o uf der Strecki blibe. Was itz? Zäme mit der Züchtere het d Mädle – Tag u Nacht – all zwo Stung gschöppelet, bis di Welpe sälber hei chönne trinke u frässe. Derfür het si eis für seie dörfe useläse. Si het ds chlynschte Wybli gno un em der Name «Sana» ggä.

Nadisna isch der Bestang vo Hus- u Stallgnosse aagwachse. Bim Hochzyt vo Lehrers Tochter het ds Brutpaar es Hängebuchsöili übercho. Aber wo hätte si das i irer Vierzimmerwonig i der Stadt sölle ha? Ds «Pigi» isch zur Mädle cho.

Di alti Frou Wärmuet het i ds Altersheim müesse. Aber ires Tigerli het si nid dörfe mitnäh. Bir Mädle het das zuetrouleche Chatzli es nöis Deheim gfunge.

I der Ungerschuel hei si Bybeli beobachtet. Wo die grösser worde sy, isch o der Lärme i der Schuelstube i ds Uferlose gwachse. D Hüendleni het e Buur gno, ds Güggeli hingäge het er nid wölle. Es isch zur Mädle cho. Dass's em nid z längwylig wärdi, het si no sächs Hüener zuechegchouft. So het si als agnähms Äxtra o eigeti Eier chönne usnäh.

Me chönnt sech itz frage, ob d Mädle nüt mit em Mannevolch heig wölle z tüe ha. Mit sövel Vycher fingt me doch ke Maa!

Vor emne Jahr lütet ds Telefon, grad wo

d Mädle am Znachte isch. Är heig vori es Reh übercharet, aber es läb no, seit e sympateschi Mannestimm. Är wär froh, we si chäm cho luege.

D Mädle nimmt iri Gufere, spurtet zum Rover u fahrt im Garacho wägg. Es geit nid lang, bis si am Ort isch. Vor em Unfallouto chnöilet e Riis vo Maa u versuecht, ds Reh ruehig am Bode z bhalte. D Mädle gseht gly einisch, dass das junge Böckli e Vorderlouf broche het. Sorgfältig schinet si dä Bruch, git em Böckli aber vorhär e Sprütze, dass es sech nid no meh verletzt. Zäme trage si derna ds Tier i Rover. D Mädle het deheim es Gheg, wo scho meh als eis Reh usgheilt worde isch. Dert söll o ds Böckli sech erhole.

Ersch itz het si Zyt, dä Maa neecher aazluege. Är isch gross u stämmig. Halblängi graui Haar flatteren em um e Chopf. Sys Gsicht isch ehnder wüescht mit der grosse Narbe, wo vom rächte Oug quer über d Backe geit. Aber di bruune Haselnussouge luege d Mädle so warm aa, dass si nume no die gseht.

Churz u guet – der Alex Chiener isch meh weder einisch sys Opfer cho bsueche. Derby hei sech di zwöi Mönscheching geng besser lehre kenne. Vor zwe Monet hei si ghürate, d Mädle mit irer Menagerie u Alex, Witwer mit zwone Töchtere u dreine Papageie. Hochzytsreis hei si keni chönne mache. Wär hätt de süsch zu de Tier gluegt? Irer Flitterwuche sy nie längwylig worde, het's doch gulte, Chroni, Griselda, Sana u Konsorte z versorge.

D Narbe het Alex übrigens als Aadänke a ne Chue, won er het müesse doktere ...

# We me nume ...

Godi höcklet vor em Huus u macht e suure Stei. «Jaja, so geit's», brummlet er i syner Bartstuffle. «Derewäg lang, wi's itz grägnet het. Das cha ja nid guet cho, so wölle z acherfahre! Lueg me doch eis di töiffe Glöis, wo das ggä het! Der Traktor isch notti fasch drinn ersoffe. Jaja, we me nume denn uf mi glost hätt, de stieng ds Fanny no im Stall. U mit däm hätt me de trotz der Nessi chönne fahre. Das wurd ömel em Land minger gschadt ha, als di tuusigs Maschine. Aber äbe, me het halt wölle modern sy.»

Godi zieht a syr Surggle u merkt ersch itz, dass si nümm brönnt. Chydige chlopfet er se uus u versorget se ir Buese. Ds erloschne Pfyffli git ihm nöie Grund, z bugere.

«I bi denn e Göhl gsy, ds Heimet em Junge z verschrybe. Me het ja chönne dänke, dass de müess gmodernisiert wärde. Aber my Alti het um ds Verworgge uf ds Alteteil wölle, un i Träll ha re gfolget. We me denn gwüsst hätt, wi's usechunt, i hätt wääger nid nacheggä.»

Godi steit uuf u träppelet uf d Terasse use. Är luegt über ds ganze Heimet uus u gseht glych nüt. Gseht nid, wi wüelig ds Gras gwachse isch, u wi d Öpfelböim schön aaghänkt hei. Gseht nid, wi der Weize schwäri Ähri treit u d Gärschte scho gälbet. Är wott itz eifach choldere u chupe.

Derby weiss er ganz genau, wi guet es mit em Hof steit. Aber är het vor zwöine Jahr, won er ds Heimet em Junge übergä het, nid gsinnet, dass's ne de so hert hätti, nume no Ghülfme z sy. Denn isch er mit em Vreni, syre Frou, eir Meinig gsy, dass es Zyt wär, Hansuelin la z bure. Ds Wärche isch ihm o nid geng descht ringer ggange. Drum het er gmeint, är wölli's no chly schön ha. U amänd chönn er ja geng no mit Rat u Tat mithälfe.

Aber äbe, itz befilt Hansueli. Ds Fanny, wo eigentlech scho lengschte ds Gnadebrot übercho het, isch drusta worde. Derfür steit äbe dä Traktor im umboute Rossstall. Godi muess ja für gwüss zuegä, dass ds Bure so ringer gangi. D Nachbere hei doch o scho lengschte so Maschini. Nume är het geng no der Gring düregstieret u gmeint, me bruuch de angere nid geng alls z gälle. Är het wohl gwüsst, dass er isch belächlet u als alte Gritti u Sonderling verbrüelet worde. Miera wohl!

«We me nume no eis chönnti jung sy u sälber bure», brattiget Godi wyter. «Vilech hätt i de o mängs angers gmacht. Wär weiss? Me sött halt zersch alt sy u Verstang ha u derna geng jünger wärde. De gsuch d Sach amänd angers uus. – Aba, es treit mer nüt ab, i muess mi halt itz dry schicke. We me das nume chly ringer chönnt!»

Ds Jahr isch verbyggange wi Schnupf. Trotz em länge Früesummerrägewätter isch d Ärn überus guet grate, u das i allne Teile.

Ds Gwächs het rächt ergä. O vo Härdöpfel u Obscht het's zuunet. Me cha wohl zfride sy. Wo's het aafa ywintere, isch alls unger Dach gsy. – Du faht Müeti aa chränkle. Äs ma nümm rächt ässe, u trotz der gheizte Stube tschuderet's ihns allbott. Godin gfallt's nümm. Ei Tag höcklet er näbe Müetis Stuel uf em Taburettli u chlönet: «Itz chönnte mir's doch so schön ha zäme, müesse nümm geng vo eir Tagheiteri zur angere chrampfe u hätte Zyt, öppis z ungernäh. Aber wi wette mer das, we du fählber bisch? We me doch nume früecher d Ysicht gha hätt! Aber nei, i alte Stopfi ha gmeint, es gang nid ohni mi. I ha mi eifach nid chönne trenne vom vorhärige Läbe, ha's nid chönne la ga. We du mir itz söttisch ewäggstärbe, müesst i mer es Gwüsse mache, wül i dir nüt angers gönnt ha, als mys ewige Gchirm.»

«Aba, du bisch e Lappi!» Müeti leit sy Hang uf Godis ruuche Chnode. «Sövel gleitig stirben i nid. Der Dokter het mer es guets Sterchigsmitteli verschribe. U sider – du hesch es nume no nid gmerkt – geit's mer scho fei besser. Aber los, la doch itz di Junge mache! Grütz gschyder chly i dyre Schnäfelbude, we d um ds Verrode öppis muesch gwärchet ha. U gäll, nächschte Summer gö mer de zäme i d Ferie. Weisch, i wett einisch ds Meer gseh u chly luege, wi's a angerne Orte isch.»

No so gärn verspricht Godi, dä Wunsch wöll är ihm de erfülle.

Es herbschtelet scho ume hübscheli. Godi u sys Vreni höckle uf em Löibli vor em Stöckli. Vreni lismet a me Buebesocke, u Godi zieht zfride a sym Göhni. Plötzlech lachet er grediuse.

«Weisch no, Mueter, wi dir das Gstürchel i däm Nizza uf ds Gäder ggä het? Mir sy ja chuum dert gsy, het's di a allne Haare wider heizoge. Ds Meer heigisch itz gseh, u der Räschte chönn dir's nüt, hesch gseit. U glych hesch di no e ganzi Wuche müesse lyde, wül mer halt so lang hei buechet gha. Denn hesch jede Tag gwüss meh weder einisch gfutteret: ‹We mer nume scho wider deheim wäre!› – Der Mönsch isch eigentlech scho es artigs Chrütli: Das, won er het, isch ihm geng z weni. Isch er deheim, wott er furt; u isch er de ggange, wott er ume hei. Muess er schaffe, wett er chönne flohne, u chan er's de schön ha, bysst's ne, dass er nümm drahi cha wi albe. – Aber gäll, mir Zwöi hei's glehrt. Da het üs der Herrgott son es schöns Fläckli Ärde gschänkt, u mir hei's nid gschetzt. Ömel i ha geng alls wölle sälber u besser mache. Mueter, i bi kuriert.»

Vreni lächeret's gwüss ob sym Alteli. Äs chrauet sech mit ere Lismernadle im Haar u meint nume troche: «Lieber e späti Ysicht, als gar keni. Aber rächt hesch bigoscht. I ha ds Meer gseh, sogar d Füess drinne tünklet. Es isch scho schön, das wyte, unändleche Wasser. Aber da, wo me ufgwachse u deheim isch – da, wo me häreghört – isch es glych am schönschte. We me nume zfride isch u cha gsung sy. Da cha eim di ganzi wyti Wält gstole blibe. – So, aber i meinti, es wär Zyt, ga z choche.» Dermit steit Müeti uuf, chlemmt d Lismete unger e Arm u geit innefür.

Godi luegt em nache u brümelet für sech sälber: «We me nume chly ehnder zum Verstang chiem!» Dermit lüpft o är, für em Vreni ga hälfe d Härdöpfel z rüschte.

# Meiechäferepisödeli

Kennet Dir di bruune Chäfer no, oder git's amänd Lüt, wo no nie eine gseh hei? Wo nid wüsse, dass si Füeler hei, wo wi Fächer usgseh u bim Männdli grösser sy, als bim Wybli?

Zu myne Chinderzyte wär das fasch e dummi Frag gsy. Denn het me – i de Stedt u uf em Land – a hilbe Meieaabete ds töiffe Brumme vo de Meiechäfer chönne ghöre. Me het o gwüsst, dass all drü Jahr es speziells Flugjahr isch. Das isch de für d Schuelching geng es bsungerigs Fröideli gsy, wül si d Chäfer hei müesse yfa. Das het de jedesmal e rächte Batze für d Schuelreislikasse ggä. I der Früechi, we di Brummer schlafsturm gsy sy u ne d Morgechüeli zuegsetzt het, isch me de uf d Jagd. Ganz Seck voll sy da abgliferet worde. Me het o gwüsst, warum.

Der Meiechäfer isch nämlech e schlimme Schädling. Scho der Chäfer sälber cha ganzi

Böim ratzekahl abfrässe, wenn er i grosse Schwärm uftritt. Aber de ersch der Ängerling!

Jäso, dä kennet Dir o nid? De muess i nech dänk chly ufkläre.

Der Meiechäfer leit syner Eier i Bode, u us dene schlüüffe wyssi Würmli, äbe, d Ängerlinge. Die hei chronisch Hunger. Drü Jahr lang frässe si sech dür e Härd. Kes Würzeli isch vor ne sicher. Je grösser, dass si wärde, deschto dickeri Wurzle wärde aagnagt. Ängerlinge chöi sogar jungi Böim zum Abstärbe bringe. We si sech drei Summer lang chugelrund u dick gfrässe hei, verpuppe sech di wysse Made u erwache im nächschte Früelig als Meiechäfer. U de faht der Zyklus ume vo vore aa.

Wül me ne synerzyt so ufsetzig isch gsy, hei di Schädlinge toll gmingeret. Ab u zue gseht me no e Chäfer oder fingt e Ängerling. Aber für ds Sammle rändiert's scho sit Jahrzähnte nümm. U di vereinzelte Made i üser Gäget wärde eh vermüeslet.

Wül me sech dene Früeligsbote nümm so gachtet, sondern sech no gfröit het, wider einisch e Meiechäfer z gseh, hei sech die – wi cha's o angers sy – wider zümftig vermehrt. Da dervo chöi d Haslitaler es Lied singe! Eis Jahr sy ne d Matte abgstorbe, dass me d Mutte wi ne Teppich het chönne furtrugele. Z Tuusige sy Ängerlinge drunger fürecho, wo me natürlech vernichtet het. Aber d Grasige sy verdorbe gsy, u mänge Buur het müesse Fueter zuechechoufe.

U itz hüür di Chäferplag! Ganzi Böim strecke irer lääre Escht win e stummi Aachlag gäge Himel. U wider – wi früecher – sammlet me Chäfer. Aber dasmal wärde si nid eifach vernichtet. Nei, me schickt se uf Züri use, wül dert jungi Turmdohle dermit gfueteret wärde.

Di Meiechäfergschichte sy natürlech i allne Zytige umegschleipft worde. Drum sy mer derby ume Müschterli z Sinn cho, won i mit dene bruune Gselle erläbt ha.

I bi denn i di füfti Klass, wo wider es Flugjahr isch gsy. Mir hei se scho nümme müesse sammle. Aber i ha sälb Hustage e Igel gfunge, wo chrank isch gsy. Däm hei mer es Höfli gmacht, dass er is nid abchönn. In e Egge vom Höfli hei mer e Drucke gstellt, dass dä Patiänt sech o chönn verschlüüffe. Mit Milch u Bröcheli hei mer dä Igel ufpäppelet.

Ei Tag gseh mer du, dass er e Meiechäfer verdrückt. Aha, dä isch uf guete Wäge, hei mer dänkt. U dass em ds Frässe ringer gang, hei my Brüetsch un i ei Morge e ganzi Schueschachtle voll Meiechäfer ab der Birke gschüttlet. Der Dechel druf, u de sy mer ab i d Schuel.

Aber o wetsch – Zmittag isch der Gartong fasch läär gsy. Di Chäfer sy enang im Wäg gsy, hei der Dechel möge glüpfe u sy usgfloge. Use us däm fyschtere Gfängnis, z oberscht uf d Birke ueche, für dert der Tag z verschlafe, dass si de am Aabe ume munter syge für e Hochzytsflug.

Mir aber sy dagstange u hei e Lätsch gmacht. Itz sy mer doch äxtra früecher ufgstange, für di Meiechäfer yzsammle. Nume hei mer halt der Dechel vo der Schueschachtle nid bschwaaret, drum sy mer um üse Fang erfrore gsy.

Aber es het nüt gmacht, wül is i der nächschte Nacht o der Igel dervo isch. Dä Kärli het sech schynbar bchymet u gmerkt, dass er ussefür bas isch.

I dänke, es syg im glyche Jahr gsy, wo ds nächschte Müschterli isch passiert.

Da het eine vo de Giele es par Meiechäfer mit i d Schuel gno, für de dermit üs Meitscheni z ääke. Är u syner Kumpane hein is di Vycher i d Haar gsetzt oder uf di blutti Hut. Das het is gramselet u gchräblet, drum hei mer jedesmal ggöisset, we mer wider so ne Chäfer gspürt hei. U d Giele hei ds gröschte Goudi gha derby.

Itz blagiert doch eine i der Pouse, Meiechäfer chönn me ässe. Är heig einisch eim der Gring abbisse, dä heig e Chuscht gha wi ne Haselnuss. U bsungers guet syg's de no, we me ne i Tinte tünkli.

«Hussuse, du bisch e Gruusige!» – «Das isch Tierliquälerei.» – «Du gisch nume aa, das hesch du no gar nie gmacht.»

So tönt's dürenang. Bis's uf einisch, zersch vo eim, du vo vilne Gspänli här tönt: «Vormache, süsch gloube mer dir nie meh öppis!»

Dä Fisel wehrt sech, är heig notti grad ke Gluscht. Aber di angere syn em ufsetzig. Was wott er schliesslech angers, als sy Bhouptig z bewyse. Är nimmt e Meiechäfer bim Lyb, tünklet ne im Tintefessli u – bysst em wahrhaftig der Chopf ab. Hingäge bim einte laht er's bewände. U nachemache het das kulinarische Experimänt de doch niemer wölle.

Meiechäfer! Eis vo vilne Tierli us Gottes grosser Schöpfig. Vili kenne ne nid, Gärtner u Bure hingäge hasse ne. Aber i ha Fröid a ne. D Ängerlinge dergäge vertschirggen i o, wenn i se finge. U all verwütschen i einewäg nie. So chöi geng ume bruuni Chäfer i hilbe Meienächt umebrummle.

# Spezielli Nachtmusig

Warm u guldig steit d Sunne am blaue Summerhimel, wo ds Lotti u ds Hanni, zwo Schwöschtere, i ires Outo styge. Si hei im Sinn, einersyts e Fahrt i ds Blaue z mache, angerersyts d Tante Luise ga z bsueche. Sider dass dere ire Läbespartner isch gstorbe, het si nämlech Problem mit em Eleisy u fröit sech descht meh über jede Bsuech.

Nach e re wunderschöne Fahrt uf Näbesträssli, verby a saftiggrüene Matte, guldige Ährifälder u dunkle Wälder trudle di zwo ungernämigsluschtige Froue gäge Aabe bir Luise y. Si chöi nid gnue verzelle, was si a däm Tag alles gseh heige. Si hei drum beide no e Blick für d Natur, sy no nid verdorbe vo Stress u moderner Läbensart. Es Weierli mit Schilf drumume u blüejegi Seerose uf em Wasserspiegel mache irer Ouge z lüüchte. E Naturwise mit Zantihanse*, Sälbine u Eschparsette erfröit irer Härz meh weder überdüngeti Matte. Es chlys

Landbeizli, versteckt hinger Studere, wo's no währschafti Choscht git, löökt se meh weder e modärne Gaschthof, wo d Lüt nid wüsse, wi fürnähm si wölle tue, derfür ds Ässe ke Chuscht u ke Tuget het u ersch no beidi Föifi choschtet.

D Luise cha di zwöi Plappermüüli chuum gschweigge. Si bringt's o nume fertig, wül si mit e me chüschtige Znacht ufwartet.

Wo di drü Wybervölchli gnue ungerleit hei, fingt si, e chlyne Verdouigsspaziergang dür ds Dorf u ne Bsuech uf em Fridhof tät itz wägerli nüt schade. Wohl oder übel bysse Hanni u Lotti i dä suur Öpfel. Dä Bummel isch ne nid z wider. Hingäge de der Fridhofbsuech scho meh. Si wüsse drum, dass d Luise fasch e Kult macht um irer Tote. U mit settigem hei di junge Froue nüt am Huet. Aber nu – so geit me halt u tuet der Luise dä Gfalle.

Es isch würklech schön, so i Aabe yche z spaziere. Dert uf der Tanne flötet no e

Amsle, u vom Chilchsturm git ere en angeri Bscheid. Es isch no rächt hilb, u d Luft isch weich win es Wattechüssi, wo me am liebschte möcht an es Ärfeli nä. Us de Gärte schmöckt me d Rose u angeri Blueme. U am Horizont zeigt sech e Streife Aaberot, wo für morn o grad wider e schöne Tag verspricht. Chuum es Wülchli gseht me am Himel.

Ganz aadächtig höckle Hanni u Lotti uf em Bänkli, derwyle d Luise ds Grab bschüttet.

Es wird ne richtig fyrlech um ds Härzgrüebli ume. Ersch no, wo ab em Chilchsturm d Glogge achti lüte. Das passt no so i di ganzi Stimmig.

Äntleche zöttelet me zfride gäge heizue. Du fingt ds Hanni, so es guets Käfeli wär itz o nüt Dumms. U we de d Luise amänd no öppis derzue z chnürschpele hätt, chlepfti das däm wunderbare Tag no ds Tüpfli uf ds «i».

«Hesch du amänd gmeint, dir müessit ohni öppis Süesses ungere?», lachet die. «I kenne doch myner Pappeheimer!»

Derwyle dass d Luise i der Chuchi hantiert, deckt Hanni uf der Terasse ds Gartetischli. Es wär schad, itz scho innefür z hocke. Gly einisch schlückle di drei Froue a däm bruune, wohlschmöckige Frouetröschter. Derzwüsche verdrücke si eis Stück Schwarzwälderturte nach em angere. Me chönnt nid meine, dass si no nid lengschte bim Znacht so hei ychebige.

Derby chöme si i ds Brichte. Heisst das – d Luise faht aa us em Erinnerigschischtli Gschichte z chrame. Si het drum no gar Längizyti nach em Walti. O we's itz scho föif Jahr här isch, dass är se het müesse elei la. U si hei's halt gar schön gha zäme. D Luise muess gwüss ds Briegge verbysse. Aber so isch es halt – we me vil elei isch u de einisch i ds Brichte chunt, het me chly Müeh mit syne Gfüel. Hanni u Lotti verstöh das scho. Aber wo d Luise geng u geng wider ds Glyche fürechramet, verleidet's ne afe. Derzue wird's itz doch hübscheli chüeler. Drum zieht es di Zwo innefür. U wül si halt dä Morge no eis bezyte us de Fädere hei müesse, winkt ne itz der Chüssizipfel. Me ruumt no ds Gschiir i d Chuchi, seit guet Nacht u verschwindet nach Bettehuse. Es git no chly Hin u Här, es Nuusche u Fiegge, aber gly einisch isch im hingere Stübli, wo sech Hanni u Lotti yghüselet hei, d Rue ygchehrt. O d Luise nüüschelet sech i irem Bett i d Chüssi. Bevor si aber ändgültig der Nuck nimmt, lost si, ob vo irne Übernächtler no öppis z ghöre syg.

«Aba», schimpft si mit sech sälber, «i cha se ja gar nid ghöre. Schliesslech isch ja no d Wohnstube zwüsche üsne Schlafzimmer. U d Türene sy o zue. Aber äbe, so isch es halt, we me einisch nid elei isch. De lost me uf alls.» Si chehrt sech uf d Syte u isch angänds o ygschlafe.

Wo ds Lotti am nächschte Morge erwachet, muess es sech gwüss zersch chly bsinne, won es syg. Äbe ja, bir Luise! U nächti isch es ja no schier spät worde. Aber schön isch es de richtig gsy. U ggässe hei mer – gwüss wi d Fürschte. Choche cha d Luise halt geng no guet ...

Lotti hört uf, mit sech sälber z brattige, hocket uuf u luegt zu äim Bett übere, ob Hanni no pfuusi. Aber das Bett isch läär. Nid nume, dass ds Hanni nümm drinn ligt – nei, o ds Bettzüüg isch verschwunde. Was Chätzibocks ...!

Lotti steit uuf u muess sech ganz verwungere dass es trotz churzer Nachtrueh sövel wach u täfel* isch. Äs geit zum Fänschter, tuet d Felläde uuf – u da lachet ihm d Sunne grad zmitts i ds Gsicht. Herrlech! Das git wider e wunderbare Reisetag!

Aber itz wott Lotti doch ga luege, wo ächt sy Schwöschter z finge syg. Äs geit zur Türe, tuet se uuf ... u lachet grediuse. Näb em Stubetisch ligt ds Hanni am Bode, ygmumelet i sys Dachbett. Wo Lotti so härzhaft lachet, erwachet di Schlafchappe, rybt sech d Ouge u hocket ganz verstöberet uuf. Si muess sech gwüss zersch zrächtfinge. Aber nadisna taget's im Oberstübli.

«Warum um ds Himelswille pfuusisch de du hie usse?» fragt Lotti ganz perplex. Äs cha sy Schwöschter nid begryfe. Im Bett wär's doch vil weicher, als uf däm herte Stubebode.

«Du chasch scho lache, du Zwätschge», muulet Hanni. «Chuum hesch du nächti ds Hingergschiir glageret gha, het der Gring scho pfuuset. We du das no lysli chönntisch! D Waldsaagi hesch füregno u wäger drü Chlafter düregsaaget di Nacht. U so hätt i sölle chönne yschlafe! I ha di ghudlet, di agmöögget – sogar es Chüssi ha der a Gring tribe ... alls für d Chatz! Du hesch di nume jedesmal umgchehrt u wytergrochlet. Da han i halt wohl oder übel ds Hasepanier ergriffe. – Oi, oi, oi, my Rügge! I bi ganz grederet. U da bisch nume du dranne tschuld! I chönnt di gwüss wuusche, du Täsche!»

Itz geit d Tür uuf u d Luise luegt, was Gattigs. Mit ire schlüüft es herrlechs

Gschmäckli vo chüschtigem Gaffee u früschbbachne Weggli i d Stube. Wo sech di drei Froue am Chuchitisch gsädlet hei, für sech am Zmorge güetlech z tue, klagt Hanni der Luise sys Leid. Aber die lachet nume.

«Du hesch notti gar nüt z jammere! Won i gäge Morge uf ds Hüsli müesse ha, het's us öier Richtig grochlet wi sibe Wildsöi. Hei di Zwo öppe d Stüblistüre offe gla? fragen i mi. U dass i nech de speter bim Zmorgechoche nid wecke, han i wölle cho zuetue. I mache d Stubestür uuf, u da ligt doch tatsächlech ds Hanni am Bode u macht so urchegi Nachtmusig. U i will der eis gseit ha, Hanni: Du hesch di erschti Saagi vom hingere Stübli mit Liechtigkeit übertönt!»

# Unerwünschti Gescht

«Juhui, Sportferie!» Mit eim Hallo wärde d Schuelbüecher i d Pultli gschletzt, u di ganzi Kuppele Achteler vertubet heizue. Morn isch Sundig, da cha me no einisch usschlafe. U de geit's i d Schywuche uf Saas Grund. We de das nid fägt ...

Bi Lanzes wärde a däm Samschtig di letschte Vorbereitige troffe. Sy d Lade richtig ygstellt? Der Wachs darf o nid vergässe wärde. U de wurd's däich nid schade, e Taschelampe yzpacke. Me cha ja nie wüsse!

Vatter Lanz steit i der Chuchi u wärweiset, ob's ächt dert äne es houigs Mässer heig oder ob er eis vo deheime sötti mitnäh. Als glehrte Choch isch är guets Material gwanet. Nüt man er weniger verputze, weder Hegle, wo öppe so houe, wi ne tote Hung bysst.

Derwyle dass är a däm Thema umebrattiget, füllt er seckliwys Teechrütli ab, hie dry Münze u dert Lingebluescht. D Hagebuttebütteli sy scho zwäg u d Zimetstängle o. Di Ching sölle chüschtige Tee z trinke übercho, nid so wässerigs, fads Gschlüder, wi's öppe so i Lager üeblech isch. Är weiss no z guet, win är sech synerzyt zu jedem Schluck het müesse zwinge u schliesslech trunke het, wül's nüt angers ggä het.

Lanzes eltischte Meitschi, d Ursle, geit i di achti Klass. Öppe vierzäche Tag vor de Sportferie fragt der Lehrer, ob niemer e guete Choch oder e Chöchi wüssi. Di Frou, wo d Lagerchuchi heig wölle übernäh, heig der Arm broche, u itz syg me uf der Suechi nach Ersatz. Da meint d Ursle spontan: «My Vatter isch Choch. Fraget doch dä, ob er Luscht hätt, mitzcho!»

No der glych Aabe het der Lehrer Lanzes bsuecht u het mit ne ygmärtet, der Vatter chönn als zalte Choch di ganzi Familie mitnäh. U we d Mueter i der Chuchi wöll trabante, wärdi ds Abi für e Schylift für beidi vo der Gmeind überno. Me wär gwüss blöd, es settigs Aagebott i Wind z blase, drum hocket am Mändigmorge di ganzi Familie im Outo u fahrt em Wallis zue, o d Mueter, we si scho liecht fieberet u ne grüüselige Pfäffer ufgläse het.

Normalerwys sy um die Jahreszyt d Lifte im Grund voll im Betriib, un es wimmlet a de Höger vo Schyfahrer. Aber usgrächnet hüür isch es vil z warm. Überall luege Chempe us em Schnee. Drum ratiburgeret der Lehrer, me fahr gschyder jede Morge mit em Poschi uf Saas Fee. Es heig amänd ke Sinn, es Ugfehl z provoziere. Das heisst für d Chuchimannschaft, bezyte zu de Fädere uus, Ygchlemmti für ds Zmittag us em Rucksack zwägmache u literewys Tee z plodere. U wül d Mueter Lanz zum Fieber u Pfnüsel zueche no es ugäbigs Chopfweh het zuecheta, wott si ds Huus goume, derwyle di ganzi Klass samt Lehrer u Vatter Lanz der Schnee gniessi. Der Tag dür gang si ga ablige, für ires Grippeli uszkuriere u gäge Aabe mach si ir Chuchi alls parat, dass der Choch nume no müess fertigmache u uftische, we di ganzi hungeregi Tschuppele zruggchöm.

Es isch der zwöit Aabe, u alli schufle mit Gnuss irer Späckhörndli hingere.

Da gseht der Lehrer, dass sech es Pursch eis um ds angere Mal i de Haare chratzet, dert eis ds glyche macht un es dritts derzue sogar der Gablezingge z Hilf nimmt. «Was isch ächt o settigs?» fragt er sech u beobachtet syner Schäfli no besser. Lue, sogar d Hilfsleitere cha sech nid überha, allpott i d Haar z fahre.

Nach em Ässe, derwyle dass d Chuchi ds Abwäsche u Ufruume bsorget, mache d Ching d Stube zwäg für ne Spiilaabe. Un es geit derby so gschäftig u luschtig zue, dass der Lehrer Wänger di Chrauerei ganz vergisst.

Am nächschte Tag bim Zmorge chratzet sech scho di halbi Klass schier der Haarbode wund. Der Lehrer luegt sech so ne Hübel a u erchlüpft. We das nid Lüüs sy, wo da Buebe u Meitschi – u d Hilfslehrere – drangsaliere! Är kontroliert ei Chopf um e anger – überall ds Glyche. Chlyni, bruuni Tierli spaziere uf jedem desume, u a de Haar chläbe wyssi, munzegi Tüpf. Nisse!

I eim Chlupf telefoniert der Lehrer Wänger eme Dokter u überchunt Bscheid, di ganzi Klass heig no dä Morge aaztrabe. U richtig, d Diagnose vom Lehrer stimmt, ds ganze Lager isch luseversüücht. Aber der Dokter weiss Hilf. Jedes Bursch überchunt es Tübeli Luseschampoo un e Lusesträhl. Vo Schifahre syg hütt ke Red. All Stung sölle d Haar achegwäsche u de mit eme Tuechli yglyret wärde. Am Aabe, nach der letschte Wösch, müessi mit em Luseräche d Niss, wo no chönnte übrigblibe sy, usgstrählt wärde, bevor d Haar troche syge. Dass d Chopfchüssi nöi Aazüg bruuchi, syg amänd sälbverständlech.

Der ganz Tag wird itz pflotschet u gchoslet. Der Lehrer Wänger u Lanzes überwache d Wöscherei u hälfe nache, wo's nötig isch. U nach jeder Stung loufe oder hocke Turbanmanndleni u -froueli desume.

Wül's dene Ching meh u meh wohlet, wird d Stimmig, wo zersch total am Bode gsy isch, je lenger descht luschtiger. Das isch es Gigele u Pfupfe, Lache u Lärmidiere! Aber zwüschyche wird o öppe d Frag ufgworfe, wäm si ächt di Luseplag z verdanke heige.

Lanzes hingäge hei bös. Näbscht em Choche zieh si Aazüg ab u wäsche ei Trummle um di anger. Nume guet, dass d Sunne Erbarme het mit ne. So chöi si doch d Chüssi am Aabe suber u troche wider azieh. O d Lilache flattere im Wind. Jedes Bett söll hinech absolut suber sy. D Frou Lanz chlopfet d Madratze uus u geit derna no mit em Brösmelischlitte derhinger. Es wär doch fuxig, we d Ching wäge versüüchte Bett nöji Lüüs wurde verwütsche.

D Hilfsleitere gseht me der ganz Tag nüt. Si het mit sich sälber z tüe. Dä Morge het si nume hurti ires Bettzüüg zur Tür uus greckt u derzue e grüüselegi Mouggere gmacht.

Nach der letschte Haarwösch am Aabe träte d Luseräche i Aktion. Chopf um Chopf wird achegstrählt, dass ömel ja ke einzegi Niss cha überläbe.

U itz geit's a ds Tröchne. D Fisle hei's da gäbig. Si ruble irer Chürbse mit em Tuechli troche. D Meitscheni hingäge, vor allem die mit de länge Haar, gange mit em Föön derhinger. I jedem Zimmer u vor jedem Spiegel suuret son es Grät. Uf ds Mal wird's stockfyschter. Ke einzegi Lampe brönnt meh, ke Föön isch i Betriib. Aber me merkt no gly eis, dass es d Sicherige putzt het. Die sy halt vo all däm Liecht u de Tröchnigrät überlade worde. Wo Vatter Lanz nöji Sicherige ychegschrubet het, darf jewyle nume no ei Föön loufe. Drum git's hinech halt e Halbstung speter Znacht weder süsch.

Der Räschte vo der Wuche geit im Schnuuss ume. D Schuelklass fahrt jede Morge uf Saas Fee ueche u gniesst Schnee u Sunne. Am Aabe wird de geng heisshungerig hingeregwolfet, was Lanzes Feins bröselet hei.

Derzue verschwindet der Tee literewys, wül er o gar so guet isch.

Vo de Lüüs merkt me nüt meh. Die sy räschtlos bodiget vo dere Rosskur. Zäpflet hingäge wird no da u dert. Es isch o kes Wunder, singe d Achteler bim Heifahre im Zug luthals: «Es säge alli Lüt, mir heige Lüüs; was geit das andri a, si bysse üs.»

Es isch nume no z säge, me heig speter vernoh, dass d Lüüs vo der Hilfsleitere syge zuechegschleipft worde.

# Zuetroulechkeit

Hesch scho einisch zueglost, wi hungeregi jungi Meiseli im Nischtchaschte lärmidiere, we di alte mit Fueter chöme? «So nes munzigs Wäseli, u macht e settige Lärme», so dänksch vilech. Oder hesch dene härzige Akrobate scho zuegluegt, wi si uf de Eschtli umeturne u derzue em Schöpfer es Lobliedli pfyffe? Dänk doch o a di Mängine vo Röipeli, wo vo dene possierlige Vögeli all Jahr gschnabuliert wärde. Oder ströi im Winter Sunnebluemechärne uf ds Fueterbrätt u lueg, wi si die mit de Chläili feschtchlammere, dass si mit em Schnabel d Schale chöi sprängе, für a dä süess Chärne z cho.

Als chlys Meiteli het ds Kläry zu zwone Tantene i d Ferie chönne. Es isch denn wäger nid elter weder vieri gsy. Drum man es sech hütt nümm a alls bsinne, wo's denn erläbt het. Aber öppis het's nie vergässe: Di elteri vo dene zwone Froue isch scho lang i de Sächzge gsy, mit eme liebe Runzelegsicht u wysse Haar, wo si zu mene Bürzi ufbunge het. D Bei hei se nümm so rächt wölle trage, drum isch si stungelang am offete Fänschter gsässe u het glismet. Aber zwüschyche het si de albe iri Arbeit uf e Schoss gleit, us eme Druckli es par Nussbrosme i d Hang gschüttet, die mit der offete Flächi gäge obe uf e Tisch gleit u gwartet. De isch's meischtens gar nid lang ggange, so sy us der Tanne vor em Fänschter d Meiseli cho z flüge, hei sech uf di Hang gsädlet u eis Brösmeli um ds angere ufpickt. Ersch we nüt meh z finge gsy isch, sy si ume uf d Tanne gfäcklet. Es isch de o vorcho, dass d Tante chly z lang glismet oder es Nückli gno het. De sy d Meiseli ungeduldig worde u sy re uf d Lismete oder di stille Häng cho abstelle. Dermit hei si wölle säge: «Es wär de öppe ume nache, dass d is es Mümpfeli zwäghättisch!»

Ds chlyne Meiteli het sech albe bim Zueluege chuum gwagt z rode u fasch ds Schnuufe vergässe us Fröid a der Zuetroulechkeit vo dene Meiseli. Äs het ne de o öppedie Nüssli häregha, aber zu ihm sy si nie cho abstelle. Gloub eine wohl, bi so mene Zwaschpel, wo sech kener zwo Minute cha stillha!

Sider denn isch vil Wasser d Aare ab, u Kläry isch lengschte ghürate. Ching sy uf d Wält cho, sy erwachse worde, hei ghürate u Kläry zum Grosi gmacht. Rings um ires Huus, wo si deheim sy, het's Böim, wo Nischtchäschte drann hange, u i dene wachse jedes Jahr nöji Meiseligeneratione. Die flüge de öppe uf d Loube u picke dert herts Brot, wo Ätti zum Deere a d Sunne leit, für's de speter syne Tablarchueleni z fuetere. Aber no nie wär eis vo dene Vögeli em Kläry uf d Hang gümperlet. Das höcklet halt o nid stungelang uf der Loube. Amänd het's innefür gnue z tüe u nimmt sech nid Zyt, eifach so still dusse z verwyle. Es weiss gar nid, was eim da derby cha eggah.

E wunderschöne, warme Spätsummertag breitet sech über em Ländli uus. Da düecht's Kläryn, es wett ga visitele. Es het da nöie e gueti Bekannti, u mit dere möcht's chly dorfe.

Di zwo Froue mache sech's unger de Escht vo re mächtige Birke gmüetlech, schön am Schatte. Vor ne uf em Tisch steit ds Gaffeechacheli, wo ab allem Brichte flyssig vo däm schwarze Getränk gschlücklet wird. Vom Garte här ghört me ds Tschilpe vo de Spatze, u flyssegi Beieli summe ärschtig vo de Blueme zum Stock. Geng u geng wider flüge Meiseli i d Birke ueche. Lue, itz het sech doch eis vo ne uf e Tisch gwagt. Mit schreegem Chöpfli öigeret's zu dene Froue, wi we's wett frage: «Heit dir nüt für mi?»

Klärys Bekannti juckt uuf. «Das isch es alts Vögeli, won i guet kenne. Scho färn isch's mer öppe cho us der Hang picke u hüür o scho. Aber ir Letschti han i's nümm gseh. Drum han i gsinnet, e Chatz heig's öppe verwütscht. Ja, ja, es isch's, i kenne's guet, wül's am Hälsli fasch kener Fädere meh het. Ja, lue nume, i ha der nüt, da chasch lang luege.»

Da bsinnt sech Kläry, dass äs Güetzi im Täschli heig. Tifig nimmt's eis use, macht chlyni Brosme dermit u leit es paari uf d Hang. «Frisst's ächt mir o vo de Fingere wi dir?» fragt's sy Bekannti u wartet, dass ds Meiseli, wo sech derwyle uf der Birke gsädlet het, wider chunt.

U würklech, es geit kener zwo Minute, isch das zuetrouleche Tierli ume da. Argwöhnisch öigeret's uf di frömdi Hang. Dert druff hätt's öppis Guets. Darf's ächt wage, dervo z stibitze?

Sicherheitshalber flügt ds Meiseli zersch no einisch uf d Birke u spanyflet ache uf di Guetsach. Itz flügt's a Bode, heltet ds Chöpfli, flatteret uuf... u schnappet im Flug e Brosme, won es uf der Birke vertromet. Mit de Chläili het's ne fescht, u mit em Schnäbeli pickt's.

Di zwo Froue vergässe ob allem Gschoue sogar ires Käfeli, wo derwyle chalt wird. U scho isch ds Meiseli wider da. Dasmal wird's fräveter u setzt uf de Finger vo Kläry ab.

Es heltet ds Chöpfli: «Chan i der troue?» u hurtig flügt's mit eme Möckli uf d Birke.

Wider u wider chunt's, sädlet sech uf der Hang u schnabuliert di chlyne Brösmeli, ohni dervozflüge. Ersch wo kes allerieinzigs Chydeli meh z fingen isch, nimmt's der Dewang.

Kläry schnuufet töiff ungerueche. Fasch het's Träne i de Ouge, wo's syre Bekannte vo der Tante verzellt. «U itz han i ds Glyche dörfe erläbe. Ha di fyne Füessli uf myne Finger gspürt u ds Vertroue i dene Meiseliouge gseh. Das isch es Erläbnis, won i nie meh wirde vergässe. Es het mi ganz a die Zyt gmahnet, wo de eis wird cho. E Zyt, wo Mönsche u Tier, aber o Tier ungerenang wärde im Fride läbe.»

# Aadänke a d Ferie

Isch es nid so, dass me vo dert, wo me i de Ferie härefahrt, o gärn es Aadänke hätt? Zwar het me meh weder ei Film verschosse, für dene, wo deheim blibe sy, chönne z zeige, was me a Intressantem, Schönem u vilech o Skurilem gseh heig. Aber Föteli wärde früecher oder speter schubladisiert oder im beschte Fall in es Album gchläbt u de verruumt. Aadänke hingäge cha me ufstelle oder a ne Wang hänke. So het me se no lang vor Ouge, ömel so lang, bis nöji Helge oder Figure aktueller sy.

Ds Outo vo Zwickys steit belade vor em Garasch. Der Guferéruum isch bis i jedes Eggeli mit Sack u Pack verseh, es hätt gwüss nüt meh Platz drinn. Ds Ruthli u der Peter höckle scho uf em Hingersitz u sy gwüss wider am Zangge. Der Vatter, wo o scho schier zäberlige isch, muess se wäger mit eme Donnerwätter gstalle. Wo blybt ömel sy Frou o so lang? Scho vor em Ystyge isch si desumeghürschet, het da müesse luege, ob ds Fänschter zue syg u dert kontroliere, ob si der Stecker uszoge heig.

Ändlech juflet si d Stäge ab. «I ha gwüss no einisch müesse luege, ob der Chüelschrank abgschalte syg u ke Herdplatte meh brönni», chychet si. «Dänk me doch o, was süsch alls chönnt passiere!»

Es isch e schöni Fahrt worde bis ueche a d Nordsee. Was me da nid alls het z gseh übercho! Zersch isch me bis a Bodesee gfahre, derna uf der Dütsche Bärgstrass wyter bis Füssen. Gloub eine wohl, dass a däm Aabe scho e Film gfüllt isch, we me so prächtegi Schlösser vor Ouge het!

Uf der Romantische Strass isch's derna wyterggange, verby a mängem mittelalterleche Stedtli, u z letscht het me z Rothenburg ob der Tauber übernachtet.

Nei, längwylig isch's niemerem worde uf dere Reis. Sicher o, wül der Vatter chuum einisch uf der Outobahn gfahren isch. Är het gfunge, di Raserei dert gang ihm uf ds Gäder, u me heig doch meh dervo, uf der Bundesstrass vorwärts z cho. Me syg zwar ei oder zwe Tag lenger ungerwägs, aber für das heig me amänd Ferie, dass me nid geng müess jufle u rase.

Übernachtet het me i eifache Landgaschthöf u het's ömel gwüss jedesmal guet breicht.

Ds Land isch flach worde, aber o di Wyti het für Zwickys e bsungerbare Reiz gha, dänk me doch, we me süsch geng Höger u Bärge vor sech het. Hingäge wohne wett si nid hie, für das hang si de doch z fasch am Oberland, meint d Mueter.

Nach mängem abwächsligsryche Tag chunt me uf Hamburg. Dass d Reeperbahn nüt syg für se, isch allne klar. Derfür gange si i «Planten- un Blomen-Park». Di Vilfalt vo Blueme u di wunderbare Aalage bringe Zwickys – ömel Vatter u Mueter – rächt i ds Schwärme. Di Junge hingäge hei no gly eis gnue vo Studere u Bluemegschmöis. Si wette vil lieber ga lädele u chöi sech nume mit der Ussicht uf ds Wasserspiil la halte. Un es isch würklech es grandioses Luege, wo bim Ynachte Fontäne i allne Forme u Farbe us de länge Bassin gspöit wärde.

Z morndrisch wott me d Insle Helgoland ga bsueche. Es syg es Muss, we me scho z Hamburg syg. Bim Überefahre bewege d Wälle das grosse Schiff so sittig, dass es niemerem schlächt wird.

Chuum a Land, ströme di vile Bsuecher grad i d Souvenierläde. Di wenigschte näh sech Zyt, e Wanderig z ungernäh, derby wär grad das öppis vom Schönschte. O Zwickys wei nume zwo Stung uf der Insle blybe u sech de derna als vo de Erschte wider vo de Fischerboot la uf ds Schiff befördere. Das cha drum, wül's rächt Tiefgang het, nid a der Insle aalege u muess uf em Meer usse ankere.

Nach eme guete Zvieri i eim vo dene nätte Gaschthüser geit's a ds Lädele. Wül

Helgoland en Insle isch, isch's fasch logisch, dass di Stäng u Budigge – ussert em üebleche Souvenierkitsch – fasch nume Sache aabiete, wo mit em Meer z tüe hei. Da hange Fischernetz u Anker, Sturmlatärne u Hängematte. U d Regal sy voll vo Muschle i jeder Art u Grössi, Seestärne u Seeigle. Sogar usgstopfti Fische u Seevögel cha me gänggele.

Wo Zwickys schliesslech im Fischerboot zum Schiff usefahre, hei si o Seestärne u Muschle im Gepäck. Settigs git's amänd i der Schwyz nid, u me het de ömel es par Aadänke a Helgoland.

Uf der Rückfahrt gäge Hamburg isch ds Meer nümm so ruehig. Scho währed dere Stung, wo me bis zur Abfahrt muess warte, renne d Stewards mit Papierseckli desume, wo si dene Lüt bringe, wo zersch bleich u speter grüenlech wärde, wül si Gaffee u Chueche vo Helgoland no eis müesse dür e Chopf la gah. Di gfüllte Tüte sammle si de wider y u befördere se i d Wälle use.

Der Peter u d Ruth stöh a der Reling u lache bi jedem Fueder. Bi ine verursache d Wälle u ds Buttele ke Läbesmittelhueschte. Für das sy si ydeckt mit Chätschgummi, wo si ärschtig chöie.

Di drei Feriewuche sy nume z gly verby, u Zwickys Wonig isch nümm still u läär. Nach em Uspacke geit's a ds Wäsche vo vilne Chleider, a ds Glette u Yruume. D Mueter het gwüss grad bös, bis alls überort isch. Vatter pützerlet sys Outo inne u usse wider uf Hochglanz, u d Ching wärweise, wo me d Souvenier söll plaziere.

Par Tag speter het se der Alltag wider; Vatter muess i ds Büro u d Ching z Schuel. D Mueter isch di einzegi, wo's no chly cha gmüetlecher näh, wül si «nume» Husfrou isch. Aber o so het si gnue z tüe. O we niemer deheim isch gsy i de Ferie, het sech Stoub aagsammlet. U im Garte het ds Gjätt o gmerkt, dass es het Schonfrischt gha i dere Zyt. Es isch schier stränger gwachse als ds Gmües.

Ei Mittag chunt Vatter hei, schnupperet u meint gäge d Chuchi zue: «U fein, es git Fisch. I fröie mi.»

«Wi chunsch druf?» fragt d Mueter, wo no grad der Tisch deckt. «I ha Härdöpfelschnätz u Wurscht über.»

«He, i ha nume so dänkt, wül's derewäg fischelet.»

«Fischele? – Itz wo du's seisch, düecht's mi nöime o», git d Mueter ume. «Wohär chunt de ömel das Grüchli?»

Peter u d Ruth chöme us der Schuel. Chuum hei si d Tür ufta, rüefe si im Duett: «Huss, das fischelet schier erger als uf em Hamburger Fischmärit! Mueter, hesch schlächti Waar ygchouft?»

Es geit gar nid lang, bis me der Urhab vo däm Gstank gfunge het. Es sy, wi chönnt's o angers sy, d Muschle u d Seestärne, wo allwäg chly schlächt sy putzt worde. Tifig verruumt me se im Ghüdersack, lüftet d Wonig u verbrönnt hampfelewys Duftcherze. Sövel Fröid wi me a dene Aadänke het gha! Aber di hüürige lige nid desume, bis si vo de nächschte abglöst wärde. E tüüri, aber churzi Fröid. Henu, ds anger Jahr isch me de vilech schlöier!

# Schuelstubegrüchli

Gmüetlech höcklet Hanni i sym Lähnstuel, d Füess uf em Hocker u list d Zytig.

Vo der offete Balkontür här ghört me di junge Meiseli, wo i der Tanne vo de Alte gfueteret wärde. Es fyns Lüftli bringt ds Gloggespiil uf der Loube zum Singe, u d Vögeli jubiliere irer Gsätzli vom Wald äne, dass's e Fröid isch. Heimeliger u fridlecher chönnt d Stimmig nid sy.

Itz list Hanni grad e Artikel über e Lehrermangel. Derby chunt's i ds Tröime u gseht sich sälber als Lehrgotte. Ja – warum het äs eigentlech grad dä Bruef gwählt? Wyt zrügg gange syner Gedanke, bis i di zwöiti Klass.

Da chunt doch d Lehrere am Samschtigmorge mit dick yglyretem Hals i d Schuel. Si heig ganz fescht Halsweh, chüschelet si. Drum bring si o kes luts Wort use. Us däm Grund git's a däm Morge ke Rächne.

Derfür dörfe d Ching zeichne u male. Jä, u de d Samschtigschicht? Wo di letschti Stung aabricht, winkt d Lehrere ds Hanneli füre, äs söll uf ire Stuel sitze. Vor ihm ligt ds Buech, wo äbe di Gschicht drinn steit. U äs, ds chlyne Hanneli, darf itz dert drus vorläse, uf em Lehrerestuel, notabene. Ihm geit drum ds Läse ring, ringer weder de angere. Buechstabe u Wörter sy für ihns kener spaneschi Dörfer. Si hei e Ussag. Denn het Hanneli ds erschtmal der Wunsch gspürt, Lehrere z wärde.

Zwöi Jahr speter hei Hannelis Eltere züglet, u äs het am nöie Wohnort z Schuel müesse. Wi het ihm doch denn ds Härzli gchlopfet! Überchunt's ächt gäbegi Gspänli?

Der Lehrer füert ds Meitschi i d Schuelstube.

«So, Buebe u Meitschi, hütt überchömet dir es nöis Kamerädli. Syd nätt zuen em, dass es sech guet bi üs cha yläbe! – So, wo wei mer di hisetze? E der Tuusig, mir müesse es Pultli ga reiche, mir hei ja gar ke Platz meh frei!»

Der Lehrer schickt e Bueb zum Abwart, dä söll hantli es Pult bringe. Derwyle steit Hanni z hingerscht i der Schuelstube wi bstellt u nid abgholt, u alli glotze ihns a, we scho der Lehrer seit, si sölli füreluege.

Ändlech chunt das Pult, u Hanni cha sech sädle. Äs het chuum fertig ygruumt, heisst's, me wöll itz e Ufsatz schribe. Ds Thema syg frei. Was schribt Hanni? «Mein Hund». Äs schilderet sys Läbe mit em Bello, äs, wo doch syr Läbtig nie e Hung gha het.

Zmorndrisch chunt der Lehrer mit de korigierte Heft u git Komentar ab. Eis nach em angere überchöme d Ching irer Heft. Z letscht ligt nume no em Hanni sys uf em Lehrerpult.

Em Meitschi dutteret's. Isch ächt sy Ufsatz so schlächt usgfalle, dass der Lehrer sys Heft het zrüggbhalte?

Itz wird's ufgrüeft, äs söll fürecho. Der Lehrer chlopfet em uf d Schultere. «Das hesch du ganz guet gmacht! Derfür darfsch du üs dä Ufsatz vorläse. U weisch, was mi bsungerbar verwungeret het? Du hesch kene, aber o ke allereinzige Fähler gschribe. – Heit dir ghört, Ching? Das wär doch öppis zum Nachemache!»

Da derzue wär nume z säge, dass das der erscht u einzig fählerfrei Ufsatz isch gsy, wo Hanni je gschribe het!

Ds Meitschi chunt i d Sekundarschuel. Der Lehrer für Sprache u Gschicht förderet ihns, won er cha, wül er gly gmerkt het, dass Hanni dertdüre es Gwirbigs isch. Cha's da verwungere, dass äs dä Maa schetzt?

Aber öppis geit em Ching schuderhaft uf d Latte: Dä Lehrer isch parteiisch, dass nüt eso. Ching, won em passe, vor allem, wül si speter i Gymer oder Semer wei, hei's guet byn em. Di angere hingäge, die wo nid zur Vorbereitigsgruppe ghöre, chan er rächt schurigle*. Ömel a zwe Fäll ma sech Hanni no ganz guet bsinne: I der Gschichtsstung söll e Prob gschribe wärde. Äs sälber het nöie ke Fidutz gha, z lehre, u itz het's Angscht, das gäb e Abschiffer, u dermit chönnt äs sy verehrt Lehrer enttüüsche.

Mängs chan es beantworte. Aber de wider haglet's Frage, wo Hanni eifach ke blaue Dunscht het, was es söll schribe. Geng u geng wider güggelet's d Antwort bi syr Nachbere ab, wo nid verböischtig* der Arm drüber deckt. U ändlech isch ömel o die Prob verby.

Wo si aber korigiert usteilt wird, chunt Hanni nüm nache. Äs verglycht nämlech sy Arbeit mit dere vo Bethlin u gseht, dass si gnau glych vil faltschi Antworte hei. Eigentlech fasch logisch! Aber Bethli het e Füfer drunger u äs es Sächs minus. Isch das grächt? Hingäge het es sech de glych nid derfür, em Lehrer ga z verzelle, wär wäm abgschribe heig.

Di nächschti Begäbeheit isch dermasse krass, dass Hanni sech vornimmt, nie parteiisch z wärde.

Französisch steit uf em Stundeplan.

Me sött es uswändigs Diktat schribe. Ds Meitschi gseht ganz guet, dass e agehnde Gymeler ds Franzbuech uf em Schoss het u geng ume achegüggelet. Der Koni, e eifache Bueb, wo scho lang weiss, dass er einisch wott Schryner wärde, macht's grad glych.

«We das der Lehrer nume nid gseht», angschtet Hanni. Dä wanderet nämlech geng u geng wider dür d Bankreie, d Häng uf em Rügge, u kontroliert, ob syner Schäfli d Sach rächt machi.

Itz geit er bim Gymeraschpirant verby, u Hanni gseht ganz guet, win er ds Buech uf de Buebechnöi gwahret. Aber är tuet nüt derglyche u louft wyter. Är chunt zum Koni u gseht o dert ds Buech offe. E Griff a ds Ohr vom Bueb, u der Lehrer rysst ne us em Bänkli, zieht ne füre zur Wangtafele u tätscht em dert – linggs, rächts, linggs, rächts – ei Wasche nach der angere uf d Backe u chychet derzue: «Di wott i – lehre – z bschysse, du – Lumpebueb!»

Hanni isch z töifscht erschütteret. Cha me so ugrächt sy? D Träne syn em gwüss z vorderscht.

Ja, cha me so ugrächt sy? Hanni weiss, dass äs sy Vorsatz nid geng het chönne halte. Es isch eifach fasch nid müglech, alli Ching glych gärn z ha. Das cha nume Eine, u dä isch sälber unfählbar. Da sy Buebe u Meitscheni, wo fuul u fräch sy, settegi, wo der Ungerricht störe oder irer Gspänli plage. De wider settegi, wo vernaglet sy u eifach nüt begryffe. Mit derigne isch eifach minger gäbig uszcho u z gschäfte, als mit de flyssige u guete Schüeler.

«U de chunt's no drufa, ob me Houptlehrer oder nume Stellverträter isch», lachet Hanni für sech sälber. Ihm isch nämlech grad z Sinn cho, wi's ihm vor Jahre bi re nünte Klass ggangen isch, won es dert für drei Wuche der Lehrer verträtte het. Was hein em doch di junge Lüt nid alles beizt: Ufgschlitzti Lymtübeli, Rysnegel uf em Stuel u blödi Chläbetiggette uf syre Mappe. Derby hei si wie gmeint, was das itz syg.

Du isch di – denn no jungi – Lehrere uf ires Pult ghocket, het di ganzi Klass gmuschteret u du troche gmeint: «So, dir geischtige Söiglinge, i wott ech itz eis verrate, was mir synerzyt alls gmacht hei, für d Lehrer uf d Palme z bringe.» Da sy Sache u Situatione vor de Schüeler usbreitet worde – si hei nume no chönne stuune. Vor allem hei si gmerkt, dass ne Hanni da uber isch. Vo denn aa het's nämlech Rueh gha u isch nümm mit chindische Streiche plaget worde.

«Es isch mängisch glych guet, we me sälber Streiche gspilt het. Das hilft eim, d Ching chly besser z verstah.»

Dermit steit Hanni uuf, verruumt d Zytig, wo geng no uf syne Chnöi ligt u geit ga ds Znacht übertue.

# Hornuusse

Mülimatters hei synerzyt ires Hüsli i ds Grüene boue. Der nächscht Hof isch gwüss e Schybeschutz dervo dänne, u ds Strässli wird chuum befahre. I de stränge Summermonete rumple öppe Traktore mit irne Aahänger verby, aber süsch het's weeni Verchehr. Drum isch es o rächt rüejig i dere Gäget. Öppen eis ghört me e Hung bälle, im Wald äne liede allergattig Vögeli, u a hilbe Summeraabete gyge d Grille ires Liedli. Nume d Chräie, wo's halt überall i ländleche Gägete git, mache Mülimatters öppen eis toube, vor allem, we si scho am früeche Morge gaaggere u lärmidiere.

Chuum blüeit's so rächt um ds Hüsli, summe d Beieli ires Honigliedli, we si ärschtig am Nektarsammle sy.

Uf der Oschtsyte vom Huus u i de Böim ob em Garte het der Vatter für d Meiseli Nischtchäschte ufgmacht. Aber är muess no gly eis d Yschlupflöcher mit Metall versterche, wül di hagels Spatze die vergrösseret u d Meiseli verjagt hei. Sider sy ume di gwünschte Mieter drinn, ömel i de Böim. Der Chaschte am Huus anne het Vatter la sy, wül's chly es heikels Fahri gub, dä abzhänke. Miera wohl, syge dert halt Spatze deheim!

Wo Vatter ei Aabe gmüetlech d Zytig düreschnouset, derwyle d Mueter no i der Chuchi fertigmacht, lost er plötzlech uuf. Was isch das ömel o für nes Gsurummel bim Bluemefänschter vore? Für nes Wäschpi tönt's wohl töiff. Dere het's drum o geng ume, u Vatter het scho mängs Näscht usgröicheret.

Los, scho wider! We d Wäschpi es Gygeli stryche, tönt das ehnder nach ere Bassgyge. Vatter leit d Zytig uf d Syte, steit uuf u geit ga luege. «Mueter, bring hantli der Flöigetätscher! Da vore suuret e Hornuuss desume.»

Nümm lang, u ds Suure isch gschweigget. Vor Mülimatters ligt es grosses, brüüntscheligs Vych am Bode. Eigentlech isch es schad, so nes schöns Tier z töde. Fasch drüfach so gross wi nes Wäschpi, het e Hornuuss besseri Proportione u isch chly rundlecher als disers. D Ringe, wo bim Wäschpi gälb sy, sy bim Hornuuss bruun.

Vatter päcklet das Tierli a me Scheichli u passt uuf wi ne Häftlimacher, dass er nid no gstoche wird vo däm usgfahrne, länge Stachel. Me seit ja, sibe Hornuusse tödi es Ross. Weh tuet so ne Stich uf jede Fall u isch giechtig wi dä vo me Wäschpi.

«Wo chunt ächt dä Hagel här?» fragt sech der Vatter. «Der Grössi na isch das bestimmt e Chüng. Also chönnt's müglech sy, dass da nöime es Näscht wär.» «Itz wo du's seisch», meint d Mueter, «chunt mir z Sinn, dass i scho ei Tag so nes Vych i der Stube gha ha. Es isch chlyner gsy weder das da, drum han i gmeint, es syg es Wäschpi. I bi ömel froh gsy, won es wider zum offete Fänschter uus isch. Dä Wäschpistich färn im Wald het mer glängt. Weisch no, wi's mer trümmlig worden isch derwäge?»

Öppen e Wuche speter chunt e Arbeitskamerad vom Herr Mülimatter z fahre. Är müess da nöjis cho hole, wo Vatter vergässe heig. Dä chönn drum grad nid vor Büetz wägg u är sälber syg einewäg ungerwägs gsy.

Won em d Mueter ds Verlangte reckt, fragt er: «Heit dir gwüsst, dass dir e Hornuussestock heit?»

«Jä, vermuetet hei mer's scho, wül mer unger zwöine Male so ne Pleger hei i der Stube gha. Aber won er syg, hei mer no nid usegfunge», git d Mueter zur Antwort. «So luegit eis da ueche i Nischtchaschte!» meint druf der Bsuecher. U würklech, dert flügt's uus u y wi im ne Bejistock.

Wo d Mueter merkt, dass sech dä starch Maa schier förchtet, sticht se ds Güegi, si päcklet e Chemp u tribt ne a Chaschte ueche. U si breicht mytüüri! Potz, wi itz di erboste Tierli desumeschiesse. Der Bsuecher nimmt gwüss grad e Gump hingertsi, für us der Gfahrezone z cho.

«Wüsset dir nid, dass d Hornuusse gfährlech sy?» fragt er ganz verschmeiete.

«I schüüche se ömel weniger als d Wäschpi», lachet d Mueter. «D Hornuusse sy so wyt obe deheim, u bis itz hei si üs ömel no nüt z Leid ta. Diser hingäge hei scho öppedie uf der Loube es Näscht boue, u de sy mer dert nümm sicher gsy. Un i gloube, si syge sowiso aagrifiger weder äiner.»

Mit der Zyt het dä Hornuussestock zuegno. Är het der Bode vom Nischtchaschte abdrückt u gäge unge grosset. U zum Flugloch uus isch er gwachse, es het fasch usgseh wi im Märli vom Brei, wo nümm het chönne gstellt wärde. Geng meh vo dene grosse Wäschpeni sy desumegschwiret u hei fei chly Lärme gmacht derby. Znacht, we d Usselampe brönnt het, sy ganzi Schwärm drumumegfloge u hei Müggeli gfange, wo vom Liecht sy aazoge worde. Wi mängs Mal isch ächt d Frou Mülimatter dernäbe gstange u het däm Wäse zuegluegt? U gstoche worde isch si ömel nie. Si het no gly eis gmerkt, dass di Tierli eim i Rue lö, we me ine o nüt tuet.

D Frou Mülimatter het es Hobby, nämlech ds Fotografiere. Mit irer Kamera het si scho mängs Insekt us neechschter Neechi abgliechtet, heig das uf ere Blueme Nektar gsammlet oder sech süsch nöime gsädlet. Drum gluschtet's se itz, o di Hornuusse uf ds Bild z banne.

Si stellt der Apparat so naach wi müglech u steit sälber diräkt näb der Lampe. Eis um ds angermal lüüchtet der Blitz uuf. Weder lö sech di Tierli bi irem Flug störe, no gryffe si d Mueter aa. Sövel zur Gfährlechkeit vo de Hornuusse!

Gäge Winter zue, wo's i de Nächt um null Grad worden isch, u o d Tage ke Wermi me gha hei, sy d Hornuusse gstorbe. Hampfelewys sy si unger em Nischtchaschte im Gras gläge. O der Stock het sech aagfange uflöse u isch bitzewys achegheit. Im Früelig druf het Vatter der Chaschte achegno, trotzdäm's e riskanti Sach isch gsy, d Leitere am Bort aazstelle. Är het ne putzt, wider gflickt u uecheghänkt. Sider ghört er ume de Spatze. Die tschilpe jedes Jahr ires Liebeslied, boue ds Näschtli im Chaschte nöi u mache derby es heilloses Zatter mit Hälmli u Stäckli. Nöji Spatzegenerationе wachse u flüge uus. Hornuusse hingäge hei Mülimatters sider nie meh gha. Eigentlech schad!

# Es halbs Söili

Vatter Bürki isch e usgsprochne Hobbygärtner. Scho zur Zyt, won är no jede Morge het müesse ga schaffe, isch är nam Fyraabe geng am Chrättele, Jätte, Setze u Säie oder Ärnte gsy. Di Momänte im Garte oder im Pflanzblätz hei ne de albe für alle Erger u jede Chrampf i der Bude entschädnet. Dünger het är nie nötig gha. Statt dessi het Bürki chessletewys Chüngelmischt ungereghäckerlet. Dass es o ohni Gift geit, het de sys Gmües bewise, wo prächtig gwachse isch u chuum es Fläckli ufgwise het. We de öppe nach mängem Rägetag d Schnägge zu Hunderte füregraagget sy, isch Bürki am Aabe, mit e re Büchse bewaffnet, dene schlymige Schlycher nache. Isch d Büchse voll gsy, het är se i Bschüttchaschte usgläärt. U d Mueter Bürki het Aabe für Aabe gwüsst, wi mängs Hundert vo dene Schädlinge ir Bschütti het müesse ersuuffe.

Es sy scho es par Jährli här, dass Bürki AHV–Räntner isch. Itz het är no meh Zyt für sys Hobby. Im Garte wachse chüschtegi Rüebli, schneewyssi Bluemchöhli u knackegi Rüebchöhli, jedi Gattig vo Salat, Zibele, Chnoblech u vor allem Ärdbeeri. Chueche vo dene wohlschmöckige, saftige Chrugeli sy nem drum öppis vom liebschte. Da planget är albe jede Früelig nöi druf u gspürt sech de bim Ässe fasch nümm vor Wöhli.

O Chuchichrütli wachse i Bürkis Garte. Da isch es Eggeli mit Schnittlech, fei e Fläre mit Peterlig u es halbs Beetli Mejeran. Aber o Liebstöckel u Basilikum dörfe da nid fähle. Di Chrütli cha me früsch gniesse, u de hei si gar e cheibisch gueti Chuscht. Me cha se aber o deere, dass im Winter ds Ässe das bsungrige Öppis überchunt. I der Pflanzig wachse Stangebohne, Chabis u Chöhli, Runggle für d Chüngle u Bärnerorangsche für mängi Röschti u mänge Härdöpfelstock. Bürkis hei nöie mit Stocki nüt am Huet. Dä heig e ke Chuscht u ke Tuget u syg mit sälbergrüschtete, gchochete u gstampfte Härdöpfel nid z verglyche.

Wärde si de grabt, chöme di chlyne Härdöpfel i ne Chessel für Gschwellti, u di grosse Tütscheni i d Hurd.

Sy de di Bärnerorangsche im Chäller u d Bohne ir Gfrüüri oder deeret im Seckli, wird der Bode früsch ume ghäckerlet u grächelet, u de säit Bürki Nüsslersame. Dä Salat mit gschwellte Eier drinn isch ihm de geng no der liebscht. Hingäge möchti är u d Mueter gar nid alle sälber ässe. Stungelang höckle si de albe am Chuchitisch u rüschte di zarte Stüdeli. Chischtli um Chischtli wandere so i ds Chrüz, u Bürki het dessitwäge geng no es Näbeverdienschtli, wo der Staat nüt dervo weiss.

Es isch wider einisch so wyt – Vatter Bürki säit der Nüsslersame u rächelet ne ungere, dass ne d Vögel nid grad alle wägpicke. U gwüss scho nach zwone Wuche faht's a grüene. Ds Wätter isch o grad äberächt für di chlyne Stüdeli. Si wachse, dass's e wahri Fröid isch. Bürki gseht sech scho vor em erschte Schnee Nüssler rüschte. Aber äbe – das isch e Wunschtroum.

Wo Bürki ei Namittag zum Pflanzblätz träppelet, chan er syne Ouge nid troue. Wo's no geschter grüen isch gsy, luegt ihm e bruune Blätz eggäge. Chuum meh eis vo dene Nüsslerstüdeli isch z gseh. Di drü zächemetrige Beetli mache e Gattig, als wär e Traktor drinn umegfahre.

Da stygt e unerchannti Töibi i Bürkin uf. «Da sy niemer angers weder Wäbers Hüng drinn umeghalouderet. Di Tonnere – we si grad ume wäre un i es Gwehr bi mer hätt, i würd se glatt erschiesse.» Bürki list e Chemp uuf u schlöideret ne i Richtig vo Wäbers Burehuus. Uus der Troum vo früechem Nüssler, kes Näbeverdienschtli dä Herbscht! Es isch eifach e bodelosi Souerei, settig Vagantihüng nid a d Chetti z tue! Itz isch alls verlitzgueget un är cha no einisch vo vore afa. «Aber wartet nume! I verchlage öich de scho, da bin nech guet derfür. Un es nähm wi wunger, ob Wäber Bärtu nid es Gleich tuet.»

Tagelang surummlet Bürki desume. Zwar het er wider nöie Same ungere ta. Aber d Tage hei scho ordeli gchaltet, drum geit's itz o lenger, bis öppis errünnt. Hingäge het er scho gly Trifti, di Hüng bi irem Meischter z verrätsche. Ebchunt em doch Wäber Bärtu ei Tag bim Komissiöndle. Dä grüesst ne fründlech aber Bürki ruret nume öppis i sy Bart, dass dise muess gmerkige wärde.

«Säg einisch, isch dir e Luus über ds Läberli graagget, dass du so suur dryluegsch? Oder het di Änneli toube gmacht?» fragt er ne u lachet derzue.

«Änni macht mi nid hurti verruckt, das weisch du genau. Aber dyner Fotzelhüng! Hei mer die doch my schön Nüssler, wo grad äberächt isch errunne gsy, z achergfahre. I chönnt se erwörgge, di Sidiane! Un i hätt nüt dergäge, we d mi mit parne Würscht us em Chuchirouch wurdsch entschädne. Dir heit ja geschter gmetzget. U so hätt i doch öppis für e Schade.»

Wäber Bärtu chrauet sech im Haar. «Itz

geit mir e Stallatärne uuf, warum di drei Süchle letscht Wuche derewäg dräckig sy gsy. D Mueter het no fei chly balget. Aber i bi der guet derfür, dass du dyner Würscht söllsch übercho.»

Ei u der anger Tag vergeit. Ds Wätter het umgschlage, un es hurniblet, dass's e ke Gattig het. Es gluschtet nöime niemer, lenger weder nötig dusse z sy.

Ei Aabe – Bürki het sech grad äberächt vor em Flimmerchaschte gsädlet, derwyle d Mueter no ds Gschirr abwischt – lütet's. Bürki ghört's nid, wül grad es Goal isch gschosse worde u ds Publikum wi nid gschyd möögget.

D Mueter chunt i d Stube. «Du Vatter, du söttisch gwüss grad hurti ga luege. Es wott nöime öpper zue der.»

«Muess das grad itz sy?» brummlet Bürki. Aber är lüpft ds Bäli u trappet zur Türe. Dusse steit Wäber Bärtu u lachet über ds ganze Zifferblatt. «I bringe der hie di versprochene

Würscht. Es het es Chehrli duuret, derfür hei si itz di äberächti Rouchchuscht.»

Dermit stellt er sy Chorb ab u vertubet.

Bürki isch zersch chly baff. Är muess sech gwüss en Ougeblick bsinne, um was dass's geit. Är nimmt der Chorb, wo fei chly gwichtet u treit ne i d Chuchi. U zäme mit sym Änneli packt er uus. Was da nid alls zum Vorschyn chunt! Es gröiktnigs Vorderhammli, es Filet, sächs Gotlett, vier Halsplätzli, vier Bluet- u vier Läberwürscht. Derzue chöme no es halbs Dotze Bratwürscht. U wi das grad schmöckt i der Chuchi!

Bürki schmunzlet u meint troche: «Anni, i glaube gwüss, nächschts Jahr hixen i d Hüng grad sälber i Nüssler. Es halbs Söili isch mer de amänd geng no lieber, weder der Salat.»

# Es git geng ume Hoffnig

Im letschte Jahr vom alte Jahrhundert, am sächsezwänzgischte Chrischtmonet, isch es passiert. Un es isch e grauehafti Schlacht gsy. Eini nach der angere hei di prächtige Tanne bi däm grüüselige Sturm ire Stang verlore u sy samt em Wurzelwärch umgheit.

De Loubböim isch's nid besser ergange. Derby hei si gstöhnt u pyschtet, bevor si ire letscht Schnuuf ta hei. Anger sy fasch z Bode gläge. Aber der Wurzelstock isch fescht verankeret gsy. Drum hei si im Stamm Risse übercho, wo geng grösser u grösser worde sy. U schliesslech het es se unger grässlechem Chroose buechstäblech verschrisse. Tüller* sy dür ds Aschtwärch cho z flüge u hei chlyneri Böim mit sech grisse. Nume der Stock isch blybe stah, u syner Sprysse hei voller Chlag gäge Himel zeigt. Holz het gchrachet, Escht sy abgsplitteret, u mängem Boum het's d Borke vom blutte Lyb abgschundte.

Chrüz u quer lige di Böim überenang. Si sperre Wäg u Strasse, hei Hüttleni u Outo unger sech begrabe.

Luegt me gäg so ne gstruppierte Wald, gseht me Lücke um Lücke, wo vorhär ei Boum am angere na isch gstange. Derzwüsche sy no einzelni Tanne oder Loubböim ohni Tuller*, gchöpfti Stryter, gstrupft u ghuttet. Anger hei nume no Halt, wül si sech a irne Kamerade chöi stütze. Aber si müesse angschte, bim nächschte starche Luftzug dä Halt o no z verliere u am Bode z lande. U süsch wärde si ömel de Opfer vo de Holzfäller.

Es het gschneit, u geng no flöcklet's vom Himel obenache. Innefür isch's dessitwäge rächt fyschter. Drum zieht's eim veruse. Schnee isch amänd weniger nass weder Räge u putzt ersch no d Luft. Also use u ga Suurstoff tanke! Aber der üeblech Spazierwäg isch versperrt. Stämm u Escht sy dert zu re Muur verbache, so dass me unmüglech dürechönnt. Drum geit's därung über Fäld. Aber geng u geng wider wärde d Ouge vom

Wald gfange gno. U wo der Blick higeit, sy o gly einisch d Füess. Em Waldsoum na louffe si u stungge dür e Schnee. Derby wird's eim ganz eigelig. Isch's nid, wi we me über nes grosses Schlachtfäld gieng? Der Kampf isch düre, aber di Tote lige no da. Wi gmäit notabene. O der uheimelig Lärme isch verby. Totestilli ligt uf dene Lyche. Si hei usgschnuppet, warte itz uf e Totegreber. Das isch i irem Fall d Holzfällereggippe oder der Borkechäfer.

Es git es wunderschöns Lied. Das faht a:

«Wer hat dich, du schöner Wald,
aufgebaut so hoch da droben? ...»

So ne Wald mit Wysstanne, Fichte u Lärche, Bueche u Eiche, mit Hasle u Ösche em Soum na isch öppis, wo eim ganz aadächtig laht wärde. Scho di Böim läbe. Us chlyne Sämlene wachse Bletter oder Nadle, der Stängel wird zum Stamm u wachst em Himel zue. Jedes Jahr chly höcher, jedes Jahr chly dicker. D Würze verzweige sech geng meh, schnaagge über e Bode y u grabe sech i d Ärde. Dermit isch's aber nid fertig. Nadle u Bletter, wo z Bode gheie, wäbe e weiche Teppich. Drunger faht's a läbe. Chlyni u chlynschti Läbewäse finge dert iri Chinderstube. O d Pilz bruuche dä Teppich, für chönne z wachse. Si breite iri Myzel meh u meh uus, verbinge sech mit em Waldbode u zieh Nahrig drus use.

D Böim sälber diene mängem Tierli als Bhusig. Im erschte Stock wäbe Spinnele irer kunschtvolle Netz us fyne Fäde, wo im Liecht glitzere. We de ds Näbelbiecht druff ligt, isch's, als wäre di Fäde ei wunderschöni, choschtbari Perlechötti ar angeren a. Im zwöite Stock hei d Finkli u Loubsänger, d Heregäägger u Chrützschnäbel irer Versteck. Vo dert flüge si uus u sueche Nahrig für sich u irer Junge, wo ewig hungerig im Näscht warte. Di Vögeli bringe Läbe i d Stilli vom Wald. Einisch wird tschäderet wi lätz, ds angermal flöte si irer Liebeslieder.

No einisch wyter obe buttele d Näschter vom Eichhörndli im Aschtwärch. Di chlyne Akrobate sy es luftigs u bewegts Hei gwanet. Tifig wi der Blitz turne si d Stämm z düruf u z dürab. Hei si es Nüssli oder e Zapfe mit Same gfunge, höckle si sech ganz manierlech häre, der buschig Schwanz stolz ufgrichtet, päckle iri Mahlzyt possierlig mit de vordere Pfötli u möffele a däm chüschtige Läckerbisse. Aber mängisch müesse si tifig der Finkestriich chlopfe u um ires Läbe renne. Denn nämlech, we se der Marder oder ds Wiseli erlickt het.

Z oberscht, sozsäge als Attikawonig, hei d Chräje u Agerschte irer Näschter boue. Die gseh nid grad aamächelig uus. Afe isch's e strubi Flickbüez, derzue het's allergattig Ghüder drin. Di grosse Vögel mache vilszyt e ghörige Soulärme, we si überenang schimpfe u chädere.

A de Stämm vo alte Böim het's da u dert Löcher. Het me Glück, gseht me öppe e Spächt dert y- u usflitze. Oder me ghört eine chlopfe u weiss, dass da nach Roupe gsuecht wird.

Aber nid nume uf de Böim isch Läbe. Im Gstrüpp het der Has sy Tuele u versteckt sech ds Reh. U unger de Würze hei Fuchs u Dachs irer Löcher grabe u zieh dert irer Junge uuf. Chäfer graagge dür ds Miesch, u Müüs verstecke sech vor irne Finde. Im ganze Wald, vom Chäller bis zum Dach, läbt's u wäbt's. Überall isch Bewegig. Jungi wärde gebore u wachse; es wird gjagt u gflüchtet, gfrässe u gschlafe oder o nume eifach ds Läbe gnosse. Der ganz Wald isch im Kreislouf vo Wärde u Verga ygspunne.

Wo isch itz das Läbe? Wo hei d Vögeli nach dere grüüselige Schlacht irer Näschtli? Wo fingt ds Eichhörndli no Schutz vor em Marder? Wo düre muess ds Reh vor em Hung flüchte, wo wilderet?

Boumlyche, won i häreluege. Tod, Verderbe u Verluscht huuche mi a. I wirde ganz still, u ds Härz tuet mer weh. Es schmirzt mi bis wyt yche. My Betroffeheit macht mi fasch z briegge. I ha e guete Fründ verlore. E Fründ, wo geng isch da gsy für mi. Wi mängisch han i myner Problem bi me

Waldspaziergang chönne verwärche! Oder i ha zum Himelvatter bättet, derwyle dass i syni wunderbari Schöpfig gnosse ha.

Han i nid jedes Jahr Chörbli um Chörbli voll feini Schwümm heitreit, won i im Wald ha gfunge? Das het richtig mängs Chochetli ggä, won i wohlgläbt ha dranne. Oder i dänke dra, wi mer der Wald der Lärme vo der Strass abhet! Es muess gwüss scho e Wind derna ga, dass i öppis vom Outolärme ghöre. U de ersch di feini Luft, wo sech wi Balsam uf my Lunge leit! Wi's härzelet, we früschgschlagnigs Holz ligt, oder wi's im Herbscht nach Schwümm schmöckt.

Im Früelig wäbe d Geisseglöggli em Waldsoum na e Brutschleier, Schlüsseli u Stryte* güggele derzwüsche füre! Myner Ouge suge sech a dere Farbepracht voll, u myner Ohre chöi nid gnue übercho vom Musiziere u Liede über mir.

Das isch itz verby. My Fründ isch e Lychehuuffe. I cha nümm derdür. Aber i ha Hoffnig. Hoffnig, wo nie ufgit. Us däm, wo hütt es Totefäld isch, wachst o ume nöis Läbe. Es duuret zwar es Chehrli, bis's so wyt isch. Aber i weiss, dass d Zyt alli Wunde heilt. Nöji Sämli wärde errünne u zu mächtige Böim wachse. D Vögeli u alli angere Waldbewoner überchöme früsch ume Glägeheit, irer Näschtli u Versteck z boue.

Vergässe wirden i's aber nie meh, was hütt vor myne Ouge ligt. Scho nume, wül's mi a myni eigeti Vergänglechkeit mahnet. U we de d Wälder einisch vo all däm Fallholz gruumt sy, gniessen i jede Spaziergang no meh, weder vor dere Schlacht, wo äbe därung der Orkan stercher isch gsy u gwunne het.

# Worterklärungen*

i ds läng Jahr dinge = heiraten

Mytleni = Pulswärmer

Zantihanse = Margerite

täfel = wohl

schurigle = quälen

verböischtig = neidisch

Tuller (Einzahl), Tüller (Mehrzahl) = Baumwipfel

Stryte = Immergrün

## Der Chirschiboum

Rosmarie Stucki

Bärndütschi Gschichte
2004, 96 Seiten, Softcover
ISBN 978-3-85580-430-6

Us der Sicht vo Böim, vo Ching u vo erwachsene Mönsche wird üs i dene Gschichte ds Läbe beschribe. Luschtigs u Truurigs chöi mir da läse. Aber immer gilt ds Motto vor Rosmarie Stucki: Nume nid ufgä – es git Hoffnig!

## Wienachtsguetzli

Rosmarie Stucki

Bärndütschi Wienachtsgschichte
2005, 96 Seiten, Softcover
ISBN 978-3-85580-440-5

Wi i nere Güetzischachtle verschideni gluschtegi Wienachtsguetzli lige, sy im Bändli hie, ungerschidlechi Gschichte vom Samichlous bis Sylveschter ypackt. Die nöie Erzellige vor Rosmarie Stucki us Steffisburg bringe üs d Wienachtsbotschaft gäng ume es Brösmeli neecher.

## Dür ds Jahr

Rosmarie Stucki

Bärndütschi Gschichte
Fröhlechi u unterhaltsami Ereignis für jede Monet vom Jahr
2010, 224 Seiten, Softcover
ISBN 978-3-85580-475-7

Jede Monet vom Jahr het luschtegi u dänkwürdegi Ereignis für üs parat. Öbs heftigi Stürm im Horner sy, Äbbeerichueche, wo me im Meie cha gniesse oder Bejeli, wo im Braachet schwärme u im Ougschte de Sunneblueme nache surre, d Rosmarie Stucki het e volle Gschichtechratte parat u e ryche Erfahrigsschatz. Gschichte begleite dür ds Jahr, lö eim la nachedänke u me erinneret sech a sälber Erläbts. Für jede Monet im Jahr e Gschicht.

## Zäme ungerwägs

Rosmarie Stucki

2021, Hörbuch,
Audio-CD
ISBN 978-3-85580-561-7

Bärndütschi Gschichte
Heiters u Bsinnlechs im Alltag
2007, 96 Seiten, Softcover
ISBN 978-3-85580-448-1

Die Autorin Rosmarie Stucki liest sieben ihrer Geschichten vor. Sie stammen alle aus ihren im Blaukreuz-Verlag erschienenen Büchern aus der Reihe «Bärndütschi Gschichte». Zwischen den Geschichten sind Jodelklänge von Rosmarie Stucki und ihrer Tochter Vroni sowie Alphornklänge gespielt vom Alphorntrio Knubel zu hören.

## Gluschtigs zum Schnouse

Barbara Wyder

Bärndütschi Gschichte
2020, 96 Seiten, Softcover
ISBN 978-3-85580-543-3

D Outorin isch sech fasch sicher, dass ds Schnouse vererbbar isch. Si isch i dere Beziehig öppe gar kes unbschribnigs Blatt u befürchtet, das Erbguet ihrne Chind wyterggäh z ha. Drum het si die choschtbare Praliné vor ihrne Buebe im Chäller versteckt – u de prompt vergässe! Si dünkts halt, si syg als Meitschi e chly z churz cho mit Süessem. Si het sech aber z hälfe gwüsst u heimlich mängs verbotnigs süesses Teili ergatteret.

## Oldies um Mitternacht

Barbara Wyder

Bärndütschi Gschichte

2018, 96 Seiten, Softcover
ISBN 978-3-85580-526-6

E Grossvater brichtet vo syne erschte Versüech bim Velofahre, u es alts Paar fyret ufene ganz nöji Art Silveschter. De nimmt üs d Outorin mit ufene Norwege-Reis, u mir chöi sogar dr Läbeswäg vomne Stei mitverfolge. Die vier nid ganz alltägleche Gschichte verzelle vo prägende, aber hüüfig o luschtige Läbessituatione vo de underschidlechschte Mönsche.

## Uelis blaui Cherze

Barbara Wyder

Bärndütschi Wienachts-gschichte
2024, 106 Seiten, Softcover
ISBN 978-3-85580-570-9

We me d Chrippefigure ufschtellt u s nach Wiehnachtsgüezi schmöckt, chunnt si plötzlech, die wohlegi Wiehnachtsschtimmig. De merkt me aube einisch, was eim im Läbe eigentlech wichtig isch. Für d Barbara Wyder sy das die schöne Momänte mit der Familie u vor allem die mit Chind. Als pensionierti Primarschuellehrere cha si die härzige Begägnige ganz bsungers läbesächt u berüehrend beschrybe. U immer wider blitzt er i ihrne Gschichte uf, dä bsundrig Zouber vor Wiehnacht.

## D Frösche gumpe wyt

Barbara Wyder

Bärndütschi Gschichte
2025, 110 Seiten, Softcover
ISBN 978-3-85580-583-9

Es sy Gschichte für ds Härz – still, berüehrend u voller Läbe. Da wird verzellt vo Chilchetröim, Hochzytswalzer, Grossvättere uf em Sprungbrätt, Froue, wo usflippe, u o vo charaktervolle Frösche. Mit Humor, viel Gfüehl u Wortliebi zeigt d Barbara Wyder, wie ds Läbe halt so isch: rätselhaft, mal beglückend, mal o truurig – u doch immer wieder schön. Es Buech, wo eifach guet tuet.

## Jahreszyte rund um d Wält

Madeleine Jaggi

Bärndütschi Gschichte
2025, 98 Seiten, Softcover
ISBN 978-3-85580-584-6

Mit Härz u Humor verzellt d Madeleine Jaggi vo Erlebnis bim Reisle, vo grosse Tröim u de chlyne Wunder im Läbe. Vom «Big Apple» bis uf Verona, vo Beirut bis nach Afrika – dür d Jahreszyte rund um d Wält. Jedi Gschicht isch wie ne farbigi Poschtcharte, wo vo Abetüür, Läbesfröid u wärtvolle Erinnerige brichtet, wo blybe.

## Zäme uf d Reis

Madeleine Jaggi

Bärndütschi Gschichte
2023, 96 Seiten, Softcover
ISBN 978-3-85580-569-3

Ds Buurebüebli im Zug z Irland, dr Bärnermutz am Flughafe z Amsterdam oder Chünizer Brombeeri ir Toscana: Üsi Autorin het uf ihrne vilne Reise, wo si privat u brueflech het underno, mängs erläbt – Kurioses, Luschtigs u Dänkwürdigs. Geng wider isch es o dr Zuefall gsy, wo si a interessanti Orte u zu bsundere Mönsche gfüehrt het. Ihrer Erinnerige sy ihre Schatz, wo si gärn mit üs teilt.

## Underwägs im Morgeland

Madeleine Jaggi

Bärndütschi Wienachts-gschichte
2025, 104 Seiten, Softcover
ISBN 978-3-85580-548-8

Uf em Wäg zur Wiehnachte sy i der Adväntszyt rund um d Wält viili Mönsche underwägs. Üsi Autorin isch mängs Jahr underwägs gsy, ihre Bruef het se i d Länder vom Morge- u vom Abeland gfüehrt. Vo dert het si viil schöni, fröhlichi, bsinnlechi Erläbnis mit heigno. Ihri wärtvolle Erinnerige het si ufgschribe u zu spannende Gschichte büschelet. Die erinnere se a d Fründschafte, wo si underwägs gchnüpft het.

## **Weisch no, denn ...?**

Ursula Meier-Nobs

Bärndütschi Gschichte
2021, 96 Seiten, Softcover
ISBN 978-3-85580-556-3

Ja, das isch lang här, sit d Feusenou es läbigs Quartier isch gsy und me aues für e täglech Gebruuch fasch vor der Hustüür het chönne choufe. Viu isch passiert i dene Jahre, Schöns und Wüeschts, Glücklechs und Truurigs, Luschtigs und weniger Luschtigs. Aber das wüsset dihr ja säuber o, wie das so geit. I bi i der «Feuse» ufgwachse und bim Zrüggluege dünkts mi, d Zyt syg nume so dervogrennt. Und wenn i de ab und zue mau dert verbyfahre, göh mir ganz viu Erinnerige dür e Chopf.

## Die marokkanische Katze

Ursula Meier-Nobs

Eine Novelle zwischen Gegenwart und orientalischem Zauber
2022, 176 Seiten, Hardcover
ISBN 978-3-85580-563-1

Atmosphärisch dicht erzählt Ursula Meier-Nobs die Geschichte eines obdachlosen marokkanischen Jungen, der von der Ferne träumt und mithilfe einer ganz besonderen Katze – der eigentlichen Heldin dieser Novelle – schliesslich sein Glück findet.
Der Fischmarkt am Hafen, der Feigenbaum im Garten, der Duft von Gewürzen auf dem Markt, das glitzernde Meer und ein magischer Dschinn, der im Hintergrund die Fäden zieht ... «Die marokkanische Katze» sprüht vor märchenhaftem orientalischem Flair.

## Rosen für Eveline

Ursula Meier-Nobs

Kurzgeschichten aus
früheren Tagen
2025, 100 Seiten, Hardcover
ISBN 978-3-85580-585-3

Ein unaufdringlicher Blick auf das Menschliche – das ist die große Stärke von Ursula Meier-Nobs. Ihre Geschichten erzählen von alltäglichen Begegnungen, die plötzlich bedeutsam werden, von alten Familiengeheimnissen, zarten Annäherungen, leiser Melancholie und neu entdeckter Lebensfreude. Ob jung oder alt, verliebt, verletzt oder verloren: Die Figuren in diesen Erzählungen sind lebendig, glaubwürdig und berührend echt.